PILATES FÜR EINSTEIGER

PILATES FÜR EINSTEIGER

- Das all-in-one Übungsprogramm für Zuhause
- Mit CD

www.knaur-ratgeber.de

DIETER GRABBE

Wichtiger Hinweis

Die im Buch veröffentlichten Ratschläge wurden mit größter Sorgfalt von Verfasser und Verlag erarbeitet und geprüft. Eine Garantie kann jedoch nicht übernommen werden. Ebenso ist eine Haftung des Verfassers bzw. des Verlages und seiner Beauftragten für Personen-, Sach- oder Vermögensschäden ausgeschlossen.

Bildnachweis

Umschlagfoto: Silvia Lammertz, München
Übungsfotos: Silvia Lammertz, München
Grafiken: Wolfgang Pfau, Baldham

Bibliografische Information Der Deutschen Bibliothek

Die Deutsche Bibliothek verzeichnet diese Publikation in der Deutschen Nationalbibliografie; detaillierte bibliografische Daten sind im Internet über http://dnb.ddb.de abrufbar.

© Knaur Ratgeber Verlage 2005
Ein Unternehmen der Droemerschen Verlagsanstalt Th. Knaur Nachf. GmbH & Co. KG, München
Alle Rechte vorbehalten

Das Werk einschließlich aller seiner Teile ist urheberrechtlich geschützt. Jede Verwertung außerhalb des Urhebergesetzes ist ohne Zustimmung des Verlages unzulässig und strafbar.
Das gilt insbesondere für Vervielfältigungen, Übersetzungen, Mikroverfilmungen und die Einspeicherung und Verarbeitung in elektronischen Systemen. Bei der Anwendung in Beratungsgesprächen, im Unterricht und in Kursen ist auf dieses Buch hinzuweisen.

Projektleitung und Redaktion: Franz Leipold
Herstellung und Satz: Veronika Preisler, München
Bildredaktion: Sylvie Busche (Ltg.), Margit Schulzke
Umschlagkonzeption: Zero Werbeagentur, München
Reproduktion: Repro Ludwig, Zell am See
Druck und Bindung: Appl, Wemding

Printed in Germany

ISBN 3-426-64218-2

5 4 3 2 1

Besuchen Sie uns im Internet:
www.knaur-ratgeber.de

Weitere Titel aus den Bereichen Gesundheit, Fitness und Wellness finden Sie im Internet unter **www.wohl-fit.de**

Inhalt

Einleitung des Autors 8

Zum Gebrauch dieses Buches 9

KAPITEL 1

**Pilates – sanfte Fitness für Körper
und Seele 11**

Was ist Pilates? 12

Ein Name, viele Varianten 12

Joseph Pilates 13

Was ist an Pilates besonders? 15

Was bringt Ihnen das Training? 16

Die häufigsten Fragen
zum Thema »Pilates«? 17

Die 7 Prinzipien der
Pilates-Philosophie 19

- Bleiben Sie entspannt! 20
- Lenken Sie Ihren Atem! 22
- Konzentrieren Sie sich! 24
- Führen Sie fließende Bewegungen aus! 27
- Achten Sie auf Präzision! 28
- Zentrieren Sie sich! 29
- Bewahren Sie die Kontrolle! 31

Tipps für die Praxis 32

KAPITEL 2

**How to start – einfache Übungen
und Warm-up 45**

Relaxation Position
(Entspannungshaltung) 46

Neck Rolls I (Nackenübungen) 48

Shoulder Drops
(Schulterentspannung) 50

Sliding Arms and Legs
(Arm- und Beingleiten) 52

Hip Flexor Stretch
(Dehnung der Hüftbeuger) 54

Spine Curls (Beckenheben) 56

Side Rolls (Hüftdrehen) 58

Curl Ups (Bauchmuskelcurl) 60

Cat Stretch (Katzendehnung) 62

Roll Down I (Abrollen im Sitzen) 64

KAPITEL 3

Die Pilates-Klassiker 67

Rolling like a Ball (Rückenrollen) 6

Leg Circles (Beinkreisen) 70

Shoulder Bridge
(Schulterbrücke) 72

Single Leg Stretch
(Einfache Beindehnung) 74

Oblique Curl Ups (Diagonale
Bauchmuskelübung) 76

The Hundred easy
(Vorübung zu »Die Hundert«) 7

Spine Twist
(Wirbelsäulendrehung) 80

Single Leg Kick
(Einfaches Fersenkicken) 82

Double Leg Kick
(Doppeltes Fersenkicken) 84

Swimming (Schwimmübung) 86

Swan easy (Der Schwan –
einfache Variante) 88

Side Kicks
(Seitliches Beinpendeln) 90

Roll Down II (Abrollen im Stehen)

Rest Position (Ruhestellung) 94

KAPITEL 4

Das Topfit-Programm

für Fortgeschrittene 97

Criss Cross

(Bauchübung überkreuz) 98

Roll Up (Aufrollen) 100

The Hundred (»Die Hundert«) 102

Roll Over

(Gestrecktes Rückenrollen) 104

The Saw (Die Säge) 106

Diamond Press

(Diamanten-Presse) 108

Side Bend (Seitbeuge) 110

Push Ups (Liegestützen) 112

KAPITEL 5

Mit Pilates gegen

Rückenschmerzen 115

Floating Arms

(Schwebende Arme) 116

Raisers (Große Armkreise) 118

Neck Rolls II (Nackenübungen) 120

Small Arches (Kleine Bögen) 122

Cat and Dog (Katze und Hund) 124

Shoulder Drops with twist

(Schulterentspannung II) 126

Rolling like a Ball

(Rückenrollen) 128

KAPITEL 6

Pilates mit dem DIDIballoon® 131

Side Rolls – Balloonversion

(Hüftdrehen mit Ballon) 132

Roll Up – Balloonversion

(Aufrollen mit Ballon) 134

The Hundred – Balloonversion

(»Die Hundert« mit Ballon) 136

Spine Curls – Balloonversion

(Beckenheben mit Ballon) 138

Curl Ups – Balloonversion

(Bauchmuskelcurls mit Ballon)

140

Ballooning-Relaxation

(Entspannung mit Ballon) 142

Anhang 144

Einleitung des Autors

Als ich vor vielen Jahren erstmals mit Pilates in Berührung kam, war ich erstaunt, wie gut diese Methode auf Anhieb zu meiner Fitness-Philosophie passte. Meiner Meinung nach soll Fitnesstraining in erster Linie Spaß machen. Pilates macht eindeutig Spaß und bietet darüber hinaus viele Vorteile: Schon nach wenigen Stunden sind Ihnen die Bewegungsabläufe in Fleisch und Blut übergegangen. Pilates ist einfach und bietet genau die richtige Mischung aus Fitness- und Entspannungstraining. Nur die ausgewogene Balance zwischen Bewegung und Entspannung bringt dauerhaft gute Resultate – egal ob es dabei um Aussehen, Gesundheit oder Beweglichkeit geht. Pilates kommt meinen Vorlieben auch insofern entgegen, als es sich dabei um eine ganzheit-

liche Methode handelt. Der Körper spielt eine wichtige Rolle – zum Beispiel werden die Muskeln gestärkt, und die Flexibilität wird verbessert. Doch Pilates tut auch der Seele gut, baut Alltagsstress ab und hilft Gelassenheit zu entwickeln. Last but not least ist Pilates aber auch ein mentales Training, bei dem Aspekte wie Konzentration, Zentrierung und das Zusammenspiel von Kopf und Körper eine große Rolle spielen.

Ich hoffe, dass Sie mit diesem Buch einen guten Einstieg in die Pilates-Welt finden. Und ich bin mir sicher, dass Sie ein begeisterter Anhänger dieser sanften Methode werden, sobald Sie einmal entdeckt haben, wie gut die Übungen Ihrer Gesundheit, Ihrem Wohlbefinden und Ihrem Selbstbewusstsein tun.

Zum Gebrauch dieses Buches

Dieses Buch enthält eine Einführung in die Übungen und die Philosophie des Pilates-Trainings. Da Pilates eine ganzheitliche Methode ist, sollten Sie sich zuerst die 7 Prinzipien der Pilates-Philosophie durchlesen (siehe Seite 19). Auch die allgemeinen Tipps für die Praxis (siehe Seite 32) sind wichtig, denn sie enthalten Anweisungen, die Ihnen helfen, typische Fehler zu vermeiden.

● Kapitel 1 gibt Auskunft über die Hintergründe und Wirkungen der Pilates-Methode und erklärt die Besonderheiten dieses Trainings.

● Kapitel 2 bietet Ihnen einen sanften Einstieg in die Praxis. Hier finden Sie vorbereitende Übungen und Aufwärmtechniken.

● Kapitel 3 beschreibt die Klassiker oder »Basics« unter den Pilates-Techniken.

● Kapitel 4 bietet Ihnen anspruchsvolle Übungen, damit Ihr Training effektiv bleibt. Schließlich werden aus Einsteigern irgendwann Fortgeschrittene ...

● Kapitel 5 ist ideal für alle, die unter Rückenschmerzen leiden. Hier finden Sie sanfte Übungen, die Haltungsfehler korrigieren und Ihnen helfen, wenn Sie viel sitzen müssen.

● Kapitel 6 zeigt Ihnen, dass Sie mit Pilates auch spielerisch und abwechslungsreich üben können. Mit dem DIDIballoon® trainieren Sie effektiv die Tiefenmuskulatur.

Die beiliegende CD bietet Ihnen Audio-Anleitungen zu den wichtigsten Pilates-Übungen an. Die vorgeschlagene Reihenfolge bildet ein komplettes Programm für Zuhause aus einfachen Übungen und Pilates-Klassikern.

KAPITEL 1:
Pilates – sanfte Fitness für Körper und Seele

Das Schöne am Pilates-Training ist, dass es zwar einfach, zugleich aber sehr wirkungsvoll ist. Gesundheit, Aussehen, Wohlbefinden und Ausstrahlung profitieren von dieser sanften Methode. Nicht umsonst sind Hollywoodstars wie Jodie Foster, Madonna oder Sharon Stone begeisterte Anhängerinnen von Pilates: Durch Pilates lässt sich in kürzester Zeit viel erreichen: »Nach 10 Stunden fühlen Sie sich besser, nach 20 sehen Sie besser aus, und nach 30 Stunden haben Sie einen ganz neuen Körper.« (Joseph Pilates)

Ganz unabhängig von Alter oder Fitnesszustand kann jeder sofort mit dem Training beginnen. Die Pilates-Übungen bauen so sanft aufeinander auf, dass selbst ausgesprochene Couch-Potatoes sofort anfangen können, etwas für sich zu tun.

Auf den folgenden Seiten lernen Sie die Grundzüge der Pilates-Philosophie kennen und lesen, was das Besondere an dieser Methode ist.

Was ist Pilates?

Pilates ist eine einzigartige Trainingsform, die seit einigen Jahren auch in Deutschland voll im Trend liegt. Die sanfte Übungsmethode wurde in den 20er Jahren des letzten Jahrhunderts von Joseph Pilates in den USA entwickelt. Bekannte Filmstars wie Jodie Foster oder Sharon Stone sorgten dafür, dass Pilates in Amerika schon bald zum Lifestyle der Highsociety gehörte. Inzwischen hat sich Pilates auch im bei uns etabliert. Ob in Fitnesscentern, Volkshochschulen oder in der Rehabilitation – Pilates ist »in« und erfreut sich zunehmender Beliebtheit bei Jung und Alt. Durch seine Vielseitigkeit ist Pilates nicht nur für Tänzer, Schauspieler und Modells, sondern für alle interessant, die etwas für ihre Gesundheit und ihr Aussehen tun wollen. Pilates ist ein umfassendes Fitnesssystem, das die Muskeln und die Tiefenmuskulatur entwickelt, die Haltung verbessert und die Beweglichkeit erhöht. Am einfachsten lässt sich Pilates als Kombination aus Yoga- und Gymnastikelementen beschreiben, die jedoch auch Aspekte der östlichen Philosophie enthält. Die Übungen sind vor allem Dehn- und Kräftigungsübungen, die Bewegungen sind fließend und sanft, und die Workouts werden meist auf dem Boden als »Mattentraining« durchgeführt.

EIN NAME, VIELE VARIANTEN

Im Laufe der Jahrzehnte haben sich viele verschiedene Varianten der Pilates-Methode entwickelt. Ursprünglich waren Pilates-Übungen sehr anspruchsvoll und teilweise sogar akrobatisch, was kein Wunder ist, da Joseph Pilates hauptsächlich mit gut trainierten Tänzerinnen und Tänzern arbeitete. In seiner heutigen Form ist Pilates besonders sanft, schont die Gelenke und entspricht dem aktuellen Stand der Sportwissenschaft. Pilates eignet sich somit auch für Bewegungsmuffel wie für Menschen, die unter Rückenschmerzen leiden. Dennoch ist Pilates nicht gleich Pilates: Je nach Schule wird die Betonung eher auf aktive oder entspannende Elemente gelegt. Einige Pilates-Trainer unterrichten eine yogaähnliche Pilates-Variante, andere heben die gymnastischen, tänzerischen Elemente hervor. Rechtliche Streitigkeiten um die Bezeichnung »Pilates« haben dazu geführt, dass viele Studios Pilates-Training unter anderen Bezeichnungen anbieten. Wenn Sie bei Ihrer Suche nach einem Studio auf Begriffe wie »Body-Control-Pilates«, die »P-Methode«, »Polestar« oder »Contrology« stoßen, können Sie sicher sein, dass dort nach den Pilates-Prinzipien trainiert wird.

JOSEPH PILATES

Der Begründer der Pilates-Methode, Joseph Hubertus Pilates, wurde 1880 in Düsseldorf geboren. Da er als Kind unter seiner schwachen Konstitution litt, beschäftigte er sich früh mit verschiedenen Sportarten wie Fechten und Turnen und interessierte sich für fernöstliche Philosophie.

Pilates gelang es, seinen körperlichen Zustand durch eine Mischung aus Yoga, Gymnastik und Sport allmählich aufblühen zu lassen. Dabei entwickelte er seine eigene Trainingsmethode, bei der bewusst und kontrolliert durchgeführte Bewegungen im Mittelpunkt standen.

Sein ganzheitlicher Ansatz und die Erfolge des Trainings machten Pilates in Tänzer-und Schauspielerkreisen zunehmend beliebt. Im Alter von 86 Jahren starb Pilates in New York.

WARNHINWEISE – BITTE BEACHTEN!

● Wie bei jeder Sportart gilt auch bei Pilates: Nach einer größeren Mahlzeit sollten Sie zwei Stunden pausieren, bevor Sie beginnen.

● Wenn Sie Alkohol getrunken haben, sollten Sie unbedingt auf das Training verzichten. Auch die Einnahme von Schmerzmitteln ist problematisch: Normalerweise warnt Ihre Schmerzgrenze Sie beispielsweise bei Dehnungen, nicht zu weit zu gehen. Sind die Schmerzsignale ausgeschaltet, kann es leicht passieren, dass Sie Ihre Grenze überschreiten.

● Verzichten Sie auf das Pilates-Training, wenn Sie erkältet sind, an Grippe leiden oder Fieber haben.

● Für Schwangere ist Pilates nicht optimal. Die intensiven Bauchmuskelübungen sind vor allem ab der 12. Schwangerschaftswoche nicht angezeigt.

● Vermeiden Sie beim Training grundsätzlich Schmerzen. Wenn eine Bewegung weh tut, sollten Sie aufhören und im Zweifelsfall einen Orthopäden aufsuchen, um die Ursachen abzuklären. Eine Ausnahme bilden Verspannungen oder Muskelkater. Das merken Sie aber auch, da diese Art von Schmerzen durch Pilates nachlassen, während Entzündungsschmerzen oder stechende Schmerzen bei jeder Form von Training eher schlimmer werden.

● Wenn Sie älter als 50 sind, Herzprobleme haben, unter chronischen Krankheiten leiden oder sich aus irgendwelchen Gründen unsicher sind, ob Sie Pilates üben dürfen, sollten Sie immer mit Ihrem Arzt sprechen! Nur er kann entscheiden, wie viel Sie sich zutrauen dürfen und wann Ruhe die beste Medizin ist.

WAS IST AN PILATES BESONDERS?

Der Begriff Pilates fällt oft in Zusammenhang mit berühmten Persönlichkeiten wie Gwyneth Paltrow, Madonna, Cher oder Uma Thurman. Doch das Besondere an Pilates ist nicht, dass es die bevorzugte Fitnessmethode vieler Prominenter ist. Das eigentliche Geheimnis liegt vielmehr im ganzheitlichen Ansatz. Von der Körpermitte aus werden fließende, konzentrierte Bewegungen ausgeführt, die den Körper wieder in sein natürliches Gleichgewicht bringen, die Seele entspannen und ein umfassendes Wellness-Gefühl hervorrufen – die mentale Einstellung ist dabei mindestens ebenso wichtig wie die technische Ausführung der Übungen.

Pilates bietet Vorteile, die gerade den Bedürfnissen unserer heutigen Zeit besonders entgegenkommen.

● Es kommt eine Fülle abwechslungsreicher Techniken mit insgesamt rund 500 verschiedenen Bewegungsmustern zur Anwendung.

● Aktive Übungen werden mit Entspannungstechniken kombiniert. So wird nicht nur der Körper trainiert, sondern auch Stress abgebaut.

● Pilates folgt einer festen Philosophie, die auf 7 Grundprinzipien aufbaut: Entspannung, Atmung, Konzentration, Bewegungsfluss, Präzision, Zentrierung und Kontrolle.

● Die Techniken sind zwar größtenteils einfach, dennoch kann man die Ergebnisse schon in kürzester Zeit sehen und spüren.

● Pilates eignet sich sowohl für Untrainierte als auch für erfahrene Sportler, da die Schwierigkeitsstufe individuell an die eigenen Möglichkeiten angepasst werden kann.

- Pilates verspricht ein vollkommen neues Gefühl der Harmonie von Körper, Seele und Geist, das geradezu süchtig macht und dazu führt, dass Viele dieser Methode ihr Leben lang treu bleiben.

WAS BRINGT IHNEN DAS TRAINING?

So vielseitig die Pilates-Methode ist, so vielfältig sind auch die Wirkungen, die sich einstellen, wenn man regelmäßig trainiert. Ein wichtiges Resultat der Übungen hat Joseph Pilates auf einfache Weise ausgedrückt: »Nach 10 Stunden werden Sie sich besser fühlen, nach 20 Stunden sehen Sie besser aus und nach 30 Stunden haben Sie einen neuen Körper.«

Was das konkret bedeutet, zeigt die folgende Aufzählung der wichtigsten Wirkungen des Pilates-Trainings: Durch Pilates

- dehnen Sie die Muskeln und verbessern Ihre Beweglichkeit und Flexibilität
- lösen Sie Verspannungen in der Muskulatur
- kräftigen und straffen Sie Ihre gesamte Muskulatur und das Bindegewebe
- können Sie insbesondere die Problemzonen Bauch, Beine und Po ganz gezielt trainieren
- trainieren Sie die Tiefenmuskulatur
- verbessern Sie Ihre Körperhaltung und beugen Rückenschmerzen vor
- wirken Sie Cellulitis und Osteoporose entgegen
- können Sie nach der Schwangerschaft wieder in Form kommen
- regen Sie Durchblutung und Stoffwechsel an
- harmonisieren Sie Ihre Bewegungen – Ihre Bewegungsmuster wird erweitert, die Bewegungen werden geschmeidiger und fließender

WAS IST PILATES? **PILATES**

- intensivieren Sie den Kontakt zu Ihrem Körper und schärfen das Körperbewusstsein
- laden Sie sich in kürzester Zeit mit Energie auf und steigern Ihre Leistungsfähigkeit
- ergänzen Sie andere Sportarten wie Jogging, Walking, Tennis & Co auf optimale Weise
- können Sie bis ins hohe Alter beweglich, fit und energiegeladen bleiben
- verleihen Sie Ihrer Ausstrahlung und Ihrem Selbstbewusstsein Flügel
- entwickeln Sie mentale Stärke, innere Ruhe und Gelassenheit

DIE HÄUFIGSTEN FRAGEN ZUM THEMA »PILATES«

Obwohl das »Pilatesfieber« auch hierzulande immer mehr um sich greift, ist Pilates für die meisten von uns immer noch etwas völlig Neues.

Dementsprechend oft kommt es zu Missverständnissen oder Unklarheiten. Im Folgenden finden Sie Antworten zu Fragen, die im Zusammenhang mit Pilates besonders häufig gestellt werden:

- Ist Pilates wirklich so einfach, wie es aussieht? Einerseits ja, andererseits nein: Die ersten Übungen sind sehr einfach, aber es gibt auch fortgeschrittene Übungen, die relativ kompliziert sind. Äußerlich gesehen sind die meisten Techniken jedoch gut zu bewältigen. Das Schwierige ist eher, Prinzipien wie Konzentration, Bewegungsfluss oder die richtige Atmung in die Praxis umzusetzen.

- Wie finde ich den richtigen Kurs oder Trainer? Dieses Buch bietet Ihnen einen guten Einstieg in die Pilates-Methode, aber mit der Zeit wollen Sie

vielleicht einen Kurs belegen (Fragen Sie bei Fitnesscentern, Sportvereinen und Volkshochschulen nach). Am besten wäre es natürlich, wenn Sie bei mehreren Trainern Probestunden nehmen könnten. Ein guter Trainer sollte die Fähigkeit haben, die Übungen gut anzuleiten und vorzuführen, er sollte Wert auf guten persönlichen Kontakt legen und regelmäßig korrigierend eingreifen.

● Ist Pilates auch etwas für Couch-Potatoes?
Natürlich! Pilates bietet einen besonders sanften Einstieg in ein aktiveres Leben. Für viele Teilnehmer an Pilates-Kursen sind die meditativen Techniken der erste Schritt zu mehr Gesundheit und Fitness. Wichtig ist allerdings, dass Sie es ruhig angehen. Gerade anfangs sollten Sie einige Wochen lang die Übungen aus dem einfachsten Programm wählen (siehe Seite 45 ff.). Hören Sie außerdem auf Ihren Körper und beachten Sie Ihre Dehngrenze.

● Muss ich befürchten, durch Pilates zum Muskelprotz zu werden?
Keine Angst: Pilates trainiert Ihre Muskulatur auf sanfte Weise. So straffen Sie die Figur und entwickeln schön geformte, »schlanke« Muskeln. Die Trainingsreize sind bei Pilates nicht stark genug, um große Muskelmasse aufzubauen. Wenn Sie längere Zeit regelmäßig trainieren, werden Sie die Figur einer Tänzerin (eines Tänzers) entwickeln.

● Muss ich mich vor dem Training aufwärmen?
Alle Pilates-Übungen werden sanft, fließend und kontrolliert durchgeführt. Ein Aufwärmtraining oder zusätzliche Stretchingübungen, wie sie beim

herkömmlichen Fitnesstraining nötig sind, entfallen daher bei Pilates. Es ist aber durchaus sinnvoll, sein Programm immer mit leichten Übungen anzufangen Apropos Aufwärmen: Achten Sie darauf, dass es in Ihrem Übungsraum warm genug ist, und schützen Sie sich vor Zugluft. Wenn Sie mit dem Workout beginnen, sollten Sie keinesfalls frieren.

● Ich sehe in Werbung und Büchern zum Thema Pilates immer nur Frauen. Kann ich Pilates auch als Mann anwenden?

Frauen interessieren sich naturgemäß besonders stark für Methoden, die nicht nur das Aussehen, sondern auch das Körperbewusstsein verbessern. Auch in Yoga-Kursen werden Sie sehr viel mehr Frauen als Männer antreffen. Das heißt natürlich nicht, dass Männer kein Yoga oder Pilates machen sollten – ganz im Gegenteil. Wer Rückenschmerzen hat, unter einer schlechten Haltung leidet, übergewichtig und schlecht trainiert ist oder gerne beweglicher wäre und mehr Energie hätte, ist bei Pilates bestens aufgehoben – egal ob Mann oder Frau.

DIE 7 PRINZIPIEN DER PILATES-PHILOSOPHIE

Der Hauptunterschied zwischen Pilates und herkömmlichem Körpertraining besteht darin, dass Pilates auf einer sanften und ganzheitlichen Philosophie aufbaut. Die folgenden 7 Prinzipien zeigen, dass Pilates Körper, Seele und Geist fordert und ähnlich wie Yoga den ganzen Menschen und nicht etwa nur die Muskeln entwickelt. Dies ist auch der Grund, warum mechanisch oder oberflächlich ausgeführte Übungen nichts mit Pilates zu tun haben.

PILATES – SANFTE FITNESS FÜR KÖRPER UND SEELE

Joseph Pilates legte großen Wert auf drei wichtige Prinzipien: Konzentration, Kontrolle und die richtige Atmung. Später haben erfahrene Pilates-TrainerInnen weitere Grundlagen für ein effektives Training zusammengefasst. Die folgenden 7 Regeln bilden die Basis der Pilates-Philosophie.

Gerade bei Pilates kommt es sehr auf das »Gewusst-wie« an, und nur wenn Sie bewusst üben, können Sie optimale Erfolge erzielen. Idealerweise sollten alle 7 Prinzipien ineinander greifen. Doch keine Sorge – es ist ganz normal, dass Sie als Pilates-Anfänger noch nicht alle Prinzipien im Kopf geschweige in Fleisch und Blut haben. Lassen Sie sich also ruhig Zeit.

Die 7 Prinzipien sind übrigens keine »eisernen Gesetze«, sondern eher Anhaltspunkte und Empfehlungen für Ihr Training. Letztlich hat jeder seine eigene Art, Pilates zu üben: Für eine Tänzerin wird das Prinzip der »fließenden Bewegungen« vielleicht besonders wichtig sein, während jemand, der Pilates als Anti-Stress-Training einsetzt, eher Aspekte wie »Entspannung« oder »Zentrierung« betonen wird. Doch nun die 7 Prinzipien im Einzelnen:

BLEIBEN SIE ENTSPANNT!

Je schwieriger die Pilates-Übungen werden, desto mehr werden die Muskeln gefordert. Um die nötige Festigkeit im Bauch und Beckenraum (= Powerhouse) zu erzielen, brauchen Sie ein gewisses Maß an Spannung; und natürlich müssen Sie zusätzlich noch die Muskeln anspannen, die bei der jeweiligen Übung trainiert werden. Ist es da noch möglich, beim Workout entspannt zu bleiben? Auf jeden Fall! Das Prinzip der Entspannung bezieht sich nämlich vor allem darauf, beim Pilates-Training innerlich entspannt zu bleiben.

Das können Sie jedoch nur, wenn Sie

- geduldig mit sich umgehen
- nicht unter Zeitdruck üben
- Ihre Grenzen beachten
- nur die Muskeln anspannen, die für die korrekte Ausführung nötig sind
- nicht mit verkniffenem Gesicht üben

Viele Menschen sehen sehr gestresst aus, wenn Sie sportlich aktiv werden. Beobachten Sie einmal Jogger, die Ihnen im Park entgegenkommen – nur selten werden Sie in entspannte oder gar lächelnde Gesichter blicken. Pilates beweist, dass Aktivität nichts mit Stress zu tun haben muss. Natürlich werden Sie auch bei Pilates ins Schwitzen kommen, doch das zeigt nur, dass Ihr Kreislauf aktiv ist – kein Grund, die Zähne zusammenzubeißen. Ganz im Gegenteil: Körperliche Bewegung ist nachweislich der ideale Stresskiller – allerdings nur dann, wenn Sie dabei gelassen und konzentriert bleiben. Ihr Gefühl nach dem Training sagt viel darüber aus, ob Sie auf dem richtigen Weg sind: Wenn sich Ihre Muskeln nach dem Workout locker anfühlen und Sie energiegeladen sind, können Sie sicher sein, dass Sie ohne Stress geübt haben.

3 RELAX-TIPPS FÜR DIE PRAXIS:

1 Wenn Sie wenig Zeit haben, sollten Sie nur eine kleine Anzahl von Übungen ausführen. Auf keinen Fall sollten Sie das Gefühl haben, Ihr Pilates-Programm »schnell durchziehen zu müssen«. Hier gilt auf jeden Fall: Weniger ist mehr!

Arbeiten Sie nicht zu viel mit Willenskraft. Indem Sie konzentriert bleiben, tief atmen und in Ihren Körper spüren, können Sie am meisten erreichen.

Im praktischen Teil lernen Sie zwei effektive Entspannungsübungen kennen: Die »Relaxation Position« (siehe Seite 46) können Sie sowohl zu Beginn als auch als Abschluss einer Trainingseinheit einnehmen. Die »Rest Position« (siehe Seite 94) eignet sich ebenfalls als Abschluss, kann aber auch jederzeit zwischendurch einmal eingesetzt werden, um zwischen zwei Pilates-Übungen für eine kleine Verschnaufpause zu sorgen.

LENKEN SIE IHREN ATEM!

Eine tiefe, gründliche Atmung ist wichtiger Bestandteil der Pilates-Methode. Die meisten Menschen atmen zu flach, mit der Folge, dass die Lungenfunktion langsam verkümmert und die Zellen nur mangelhaft mit Sauerstoff versorgt werden. Pilates lenkt die Aufmerksamkeit ganz automatisch auf das Atmen, da alle Übungen mit der Atmung synchronisiert werden. Durch Pilates lernen Sie, bewusster zu atmen, und ganz nebenbei tanken Sie dabei auch noch jede Menge Energie.

Auch wenn Sie anfangs manchmal noch nicht so genau wissen, wann Sie bei den Übungen ein- und ausatmen sollen – wichtig ist, dass Sie den Atem niemals anhalten! Damit Sie nicht »vergessen« zu atmen, gibt es einen einfachen Trick: Betonen Sie das Ausatmen. Wenn Sie tief ausatmen, werden Sie ganz von selbst gründlich einatmen. Beim Pilates-Workout können Sie Schlacken und Giftstoffe loswerden und neben dem körperlichen sogar seelischen Ballast abwerfen – doch das funktioniert nur, wenn Sie tief ausatmen.

Im Normalfall wird in der Vorbereitungsphase eingeatmet, während das Ausatmen die Bewegungsphase oder den aktiven Teil der Übung begleitet. Indem Sie durch die Nase ein- und durch den Mund ausatmen, können Sie auch anstrengende Übungen entspannt durchführen.

DIE BRUSTKORBATMUNG

Eine Besonderheit von Pilates ist die Brustkorbatmung. Während die Bauchatmung im Alltag sehr zu empfehlen ist, sollten Sie für die Dauer Ihres Workouts in den Brustkorb atmen. Bei der Bauchatmung hebt und senkt sich der Bauch beim Ein- und Ausatmen. Diese Atemweise lässt sich gut bei schlafenden Kleinkindern beobachten, die meist noch sehr natürlich und entspannt atmen. Tatsächlich ist diese Atemweise bei Entspannungsübungen auch ideal. Doch während der aktiven Übungen kommt es darauf an, Ihr »Muskelkorsett« rund um die untere Wirbelsäule zu aktivieren. Dazu müssen Sie den Bauch flach halten, die Bauchmuskeln anspannen und den Nabel nach innen ziehen.

Das stabile Zentrum (»Powerhouse«) ist einerseits Voraussetzung für effektives Üben, macht die Bauchatmung aber andererseits unmöglich, denn diese ist nur bei völlig entspannter Bauchmuskulatur möglich. Daher müssen Sie etwas weiter nach oben atmen, und zwar in den seitlichen Brustkorb. Das ist nicht schwierig, denn wenn Ihr Bauch fest ist und Sie eine gute Grundspannung aufgebaut haben, wird Ihr Atem ganz von selbst in die Flanken und den Brustkorb fließen. Achten Sie jedoch

darauf, nicht so weit nach oben zu atmen, dass sich die Schultern heben. Eine zu hohe Atmung verführt dazu, die Schultern hochzuziehen.

SO FUNKTIONIERT DIE PILATES-ATMUNG

Sie können die Pilates-Atmung gleich einmal ausprobieren: Legen Sie die Handflächen auf den seitlichen Bereich des Brustkorbs, also auf die Rippen. Beobachten Sie nun einfach, was geschieht. Je entspannter Sie sind, desto besser können Sie spüren, wie Ihr Atem zu Ihren Händen strömt: Die Rippen dehnen sich beim Einatmen und schieben Ihre Hände etwas nach außen. Beim Ausatmen sinken die Flanken wieder sanft nach innen. Gehen Sie jetzt noch einen Schritt weiter: Atmen Sie tief aus, spannen Sie die Bauchmuskeln an und ziehen Sie den Bauchnabel etwas ein. Ohne die Spannung im Bauch aufzulösen, atmen Sie einfach weiter. Sie werden bemerken, dass Ihr Atem jetzt noch deutlicher in die Flanken und den Brustkorb fließt. Können Sie spüren, dass sich beim Einatmen nicht nur die Rippen dehnen, sondern sich auch der Rücken weitet? Mit etwas Übung wird Ihnen die Pilates-Atmung bald in Fleisch und Blut übergegangen sein.

KONZENTRIEREN SIE SICH!

Durch Pilates können Sie nicht nur Ihr Aussehen und Ihre Beweglichkeit verbessern, sondern auch Ihre Konzentration entwickeln. Kein Wunder, denn Pilates ist schließlich eine Trainingsform für Körper, Seele und Geist. Ein Zitat von Joseph Pilates lautet: »Es ist der Geist, der den Körper formt.« Pilates erkannte, dass körperliches Training zugleich immer auch mentales Training sein sollte. Und er betonte, welch große Rolle die Konzentration hierbei spielt.

In unserer heutigen Zeit ist ein gutes Konzentrationsvermögen ein seltenes Gut. Kein Wunder – die Berieselung durch Massenmedien, die Hektik des Alltags, der Lärm auf den Straßen, die vielen Termine und ständig klingelnde Handys führen zu Zerstreutheit und Unruhe. Pilates-Übungen können hier ein wohl tuendes Gegengewicht schaffen. Pilates fordert Sie dazu auf, Ihre Achtsamkeit ganz auf sich selbst zu lenken.

DIE PILATES-ATMUNG AUF EINEN BLICK

- Halten Sie den Atem niemals an! Auch (oder gerade) wenn es anstrengend wird, sollten Sie den Atem frei fließen lassen.

- Betonen Sie das Ausatmen. Atmen Sie durch die Nase ein und durch den Mund aus.

- Atmen Sie bei den Übungen in die Flanken. Ihr Brustkorb sollte sich beim Einatmen wie ein Blasebalg mit Luft füllen. Bei aktivem Powerhouse geschieht dies ganz von selbst.

- Atmen Sie nicht zu weit nach oben. Schultern und Schlüsselbeine sollten sich beim Atmen nicht mitbewegen.

- Mit der Zeit sollten Atem und Bewegung eine harmonische Einheit bilden. Sobald Sie nicht mehr über das Atmen nachdenken müssen, wird es immer einfacher, die Bewegungen mit dem Atem zu synchronisieren.

Viele Menschen glauben, dass Konzentration anstrengend ist, doch das Gegenteil trifft zu: Sich konzentrieren heißt nur, seine Aufmerksamkeit für eine bestimmte Zeit auf das zu fokussieren, was einem wirklich wichtig ist. Konzentration ist die Fähigkeit, sich nicht ablenken zu lassen, und das schaffen schon kleine Kinder, die mit Bauklötzen spielen.

Wenn Sie Ihre Konzentration schulen, hat das viele Vorteile:
Die Übungen werden sehr viel wirkungsvoller, die Zeit vergeht wie im Flug, und indem Sie konzentriert und »gesammelt« bleiben, kann Ihre Seele entspannen, wodurch Ihr Training auch zu einer Insel der Ruhe wird.

KONZENTRATIONS-TIPPS FÜR DIE PRAXIS:

- Schützen Sie sich vor Ablenkungen von außen: Schalten Sie Telefon, Handy, Radio und Fernseher ab – falls Sie an einer lauten Straße wohnen, sollten Sie auch das Fenster schließen.
- Beim Üben sollten Sie mit Ihrer Aufmerksamkeit ganz bei Ihrem Körper bleiben und immer wieder in sich hineinspüren.
- Führen Sie alle Bewegungen konzentriert durch, zählen Sie die Wiederholungen innerlich mit und atmen Sie tief und bewusst – all das hilft dabei, den Kopf frei zu halten.
- Wenn Sie gerne mit Musik üben, so sollten Sie ruhige und entspannende Klänge wählen.

FÜHREN SIE FLIESSENDE BEWEGUNGEN AUS!

Bewegung ist lebenswichtig. Wer sich zu wenig bewegt, gefährdet seine Gesundheit und erst recht sein Wohlbefinden. Laut WHO (Weltgesundheitsorganisation) bewegen sich mehr als 60 Prozent der Erwachsenen, die in Industrienationen leben, dennoch viel zu selten. Dabei ist Bewegung Balsam für Körper und Seele. Wenn Sie zu viel Zeit auf dem Sofa verbringen, werden Herz, Kreislauf, Stoffwechsel, die inneren Organe und der Bewegungsapparat in Mitleidenschaft gezogen. Doch auch die Stimmung geht bei Couch-Potatoes besonders oft in den Keller.

Das Problem ist jedoch: Nur wer sich harmonisch, natürlich und mit müheloser Leichtigkeit bewegen kann, hat auch wirklich Freude an der körperlichen Aktivität und wird sich regelmäßig bewegen. Hier kann Pilates helfen, denn Pilates entwickelt die Lust an der Bewegung. Durch das Training erweitern und harmonisieren Sie Ihre Bewegungsmuster. Pilates führt zu geschmeidigen und natürlichen Bewegungen, was übrigens auch ein Grund dafür ist, warum Hollywood-Stars und Tänzer diese Methode so schätzen.

Schon als Anfänger sollten Sie viel Wert auf fließende Bewegungen legen. Durch flüssige Bewegungsabläufe mindern Sie das Verletzungsrisiko und haben einfach mehr Spaß am Training. Ruckartiges und abruptes Vorgehen führt hingegen dazu, dass Sie leicht die Kontrolle verlieren und sich Fehler einschleichen. Ihre Bewegungen sollten daher so kraftvoll und zugleich so sanft wie ein Fluss sein, der durch die Landschaft strömt.

Indem Sie alle Pilates-Techniken weich und

fließend durchführen, fördern Sie Koordination und Balance. Achten Sie darauf, nicht nur die eigentliche Übungsbewegung, sondern auch die Übergangsphasen harmonisch durchzuführen. So sollten Sie zum Beispiel beim »Leg Circle« (siehe Seite 70) nicht nur beim Kreisen der Beine mit fließenden Bewegungen arbeiten, sondern auch beim Heben des Beins in die Zielposition bereits darauf achten, sich gleichmäßig und ruckfrei zu bewegen. Auch wenn Sie die Körperhaltung ändern, indem Sie etwa von einer Übung im Liegen zu einer im Sitzen übergehen, gilt das gleiche Prinzip.

Mit der Zeit werden Ihre Bewegungen immer geschmeidiger und harmonischer werden. Sie werden dies auch bei ganz alltäglichen Tätigkeiten wie bei der Haus- oder Gartenarbeit bemerken. Und natürlich wird eine bessere Körperbeherrschung dazu führen, dass Ihnen nicht nur Pilates, sondern auch andere sportliche Aktivitäten wie Laufen, Federball spielen oder Inlineskating immer leichter fallen und somit mehr Spaß machen.

ACHTEN SIE AUF PRÄZISION!

Einer der häufigsten Fehler, die man bei Pilates-Anfängern sieht, ist ungenaues oder »schlampiges« Üben. Dabei ist die Qualität gerade bei Pilates entscheidend. Ein präziser Bewegungsablauf ist die Voraussetzung für den optimalen Erfolg.

Präzision heißt, dass Sie die Übung, die Sie jeweils ausführen, nicht nur als Gesamtheit, sondern auch in ihren Einzelteilen betrachten. Jedes Detail ist wichtig, daher sollten Sie sich jeden noch so kleinen einzelnen Schritt vor Auge führen: Achten Sie auf Präzision, während Sie

- die Ausgangsstellung einnehmen
- vorbereitend ausatmen
- Ihr Powerhouse aktivieren
- die Zielstellung einnehmen
- die übungsspezifischen Bewegungen durchführen
- wieder zurück in die Ausgangsstellung gehen

Gerade am Anfang ist es natürlich auch wichtig, die Übungsbeschreibungen genau durchzulesen. Achten Sie besonders auf die Anmerkungen, die auf mögliche Fehler hinweisen. Sie sollten zunächst eine Vorstellung von der Übung entwickeln, bevor Sie anfangen: Lesen Sie die Beschreibung ein- oder zweimal in Ruhe durch, schließen Sie die Augen und stellen Sie sich den Bewegungsablauf vor. Wenn Ihnen das gelingt, wird es sehr leicht, das innere Bild dann auch in die Praxis umzusetzen.

ZENTRIEREN SIE SICH!

Zentrierung ist eine wichtige Säule der Pilates-Philosophie. Nur wenn Sie Ihr Haus auf stabilem Fundament bauen, wird es nicht einstürzen. Der Begriff »Zentrierung« hat eine doppelte Bedeutung: Zum einen bezieht er sich auf das Powerhouse – die muskuläre Grundspannung, die in Bauch und Becken aufgebaut wird, um die Übungen zentriert durchführen zu können und die Wirbelsäule vor Verletzungen zu schützen. (Auf das Thema »Powerhouse« kommen wir auf Seite 35 »Aktivieren Sie Ihr Powerhouse« noch zu sprechen.) Zum anderen ist Zentrierung aber auch ein innerer Zustand, in dem Sie kraftvoll und konzentriert aus Ihrem Zentrum heraus aktiv werden können.

Joseph Pilates hat viele Elemente seiner sanften Fitness-Methode aus der östlichen Philosophie übernommen. Auch »Zentrierung« ist ein Thema, das gerade in den östlichen Übungsweisen eine große Rolle spielt. Ob in der Zen-Meditation, in Kampfsportarten wie Aikido oder in der Kunst des Bogenschießens – immer geht es dabei darum, Kontakt zur »Kraft aus der Mitte« aufzunehmen.

Nach der östlichen Auffassung liegt das natürliche Zentrum des Menschen im Bauch- und Beckenraum. In Japan wird dieses vitale Zentrum »Hara« genannt. »Hara« heißt aber nicht nur »Bauch«, sondern meint zugleich einen Zustand des »In-sich-Ruhens«. So wichtig das Anspannen der Bauch-

SO ZENTRIEREN SIE SICH

● Setzen Sie sich aufrecht und entspannt auf einen Stuhl, ohne sich anzulehnen.

● Legen Sie die Hände sanft auf den Bauch – eine Hand oberhalb, die andere unterhalb des Bauchnabels.

● Stellen Sie sich vor, dass sich Ihre »Wurzeln« im unteren Bauch befinden und dass Sie von dort aus mit der Erde verwurzelt sind. Machen Sie sich bewusst, dass Sie vom Boden getragen werden und nichts festhalten müssen.

● Verstärken Sie das Gefühl für Ihr Zentrum noch, indem Sie jetzt bewusst in den Bauch atmen. Spüren Sie, wie sich der Bauch beim Einatmen dehnt und beim Ausatmen wieder zusammenzieht. (Um Ihr Zentrum aufzuspüren, brauchen Sie keine Willenskraft. Mit jedem Atemzug in den Bauch werden Sie sich allmählich ganz von selbst bewusst, wo Sie Ihre Mitte finden.)

muskeln ist, um das Powerhouse zu aktivieren und die Körpermitte zu stabilisieren, so wichtig ist es auch, dass Sie den optimalen Schwerpunkt in Ihrem Körper finden. Die Tipps rund um das Thema »Powerhouse« helfen Ihnen, ein starkes Zentrum aufzubauen. Sie sollten aber auch innerlich Kontakt mit Ihrem Zentrum aufnehmen.

Wichtiger Hinweis: Während der Pilates-Übungen wird nicht in den Bauch, sondern in den Brustkorb geatmet! Die auf Seite 30 beschriebene Übung ist eine Ausnahme: Hier dient die Atembewegung im Bauch dazu, ein Gefühl für den richtigen Schwerpunkt zu gewinnen. Sobald Sie dieses Gefühl erst mal entwickelt haben, können Sie es auf alle Pilates-Techniken übertragen, ohne dabei in den Bauch atmen zu müssen.

BEWAHREN SIE DIE KONTROLLE!

Das Prinzip »Kontrolle« hängt eng mit anderen Pilates-Prinzipien wie vor allem »Konzentration« und »Präzision« zusammen. Auch wenn die Pilates-Techniken äußerlich gesehen oft einfach aussehen, handelt es sich doch zum Großteil um recht komplexe Übungen. Die Gefahr ist daher groß, dass Sie die Kontrolle verlieren.

Kontrolle heißt, dass Sie mental verfolgen, was Sie mit Ihrem Körper machen. Die Kontrolle zu bewahren bedeutet, dass Sie die Regie übernehmen und Ihren Körper und Ihre Bewegungen perfekt beherrschen. Dazu müssen Sie geistig wach bleiben: Beobachten Sie ganz genau, was beim Üben passiert: Können Sie unnötige Spannungen im Körper aufspüren? Fließt Ihr Atem auch wirklich in den seitlichen Brustkorb? Sind die Bauchmuskeln angespannt und ist Ihre Körpermitte stabil? Sind Ihre Bewegungen fließend und leicht?

Kontrolle schult Ihre Koordination. Durch Pilates werden Sie Ihre Koordinationsfähigkeit schnell entwickeln. Es wird dann immer leichter, die vielen einzelnen Elemente der Übung zu einer harmonischen Einheit zu verschmelzen. Um neue Bewegungsabläufe einzustudieren, sollten Sie Kopf und Körper aufeinander abstimmen.

Gerade am Anfang ist Kontrolle sehr wichtig. Mit der Zeit wird es dann viel einfacher: Die neuen Bewegungsmuster werden im Unterbewusstsein abgespeichert, sodass Sie die Übungen bald automatisch ausführen können. Es ist wie beim Autofahren: Irgendwann müssen Sie nicht mehr darüber nachdenken, wo das Gaspedal liegt. Doch ebenso wie beim Autofahren gilt bei Pilates – ganz abschalten sollten Sie Ihren Kopf dabei nie! Ein gewisses Maß an Kontrolle ist auch für den Fortgeschrittenen noch Gold wert.

Anfangs ist ein Spiegel eine gute Kontrollhilfe. Falls Sie eine Videokamera besitzen, kann es auch sehr aufschlussreich sein, mal ein Workout aufzuzeichnen, denn so können Sie Ihre Haltung und Ihre Bewegungen aus einer objektiveren Sicht überprüfen. Last but not least sollten Sie sich im Zweifelsfall einem Pilates-Kurs anschließen oder einen erfahrenen Trainer buchen, denn dadurch ist natürlich ein Höchstmaß an Kontrolle garantiert.

TIPPS FÜR DIE PRAXIS

● Der Raum, in dem Sie üben, sollte gut gelüftet und warm sein. Im Zweifelsfall sollten Sie lieber zu viel als zu wenig heizen, denn Kälte führt leicht dazu, dass die Muskeln steif werden und sich verspannen.

● Pilates sollte angenehm und wohl tuend sein. Sorgen Sie daher für eine entsprechende Atmosphäre. Wenn Sie das Üben durch Musik unterstützen wollen, sollten Sie ruhige, entspannende Musik wählen. Die Beleuchtung sollte so hell sein, dass Sie nicht einschlafen, darf aber keinesfalls grell sein. Denken Sie daran, Telefon, Hausglocke und andere Störfaktoren auszuschalten.

● Pilates bringt nur dann gute Erfolge, wenn Sie sich ganz auf sich selbst konzentrieren können. Mitbewohner inklusive Kinder müssen bei aller verständlichen Neugier daher leider draußen bleiben – jedenfalls für die relativ kurze Zeit Ihres Workouts.

● Als Unterlage ist eine Gymnastikmatte ideal, über die Sie noch ein großes Handtuch legen können. Ansonsten können Sie auch auf einem dicken Teppich üben.

● Sie können sich Ihre Trainingszeit beliebig aussuchen. Pilates wirkt ganz unabhängig von der Uhrzeit. Allerdings sollte Ihr Training mit Ihrem Biorhythmus übereinstimmen. Für Morgenmenschen heißt das, dass Sie am besten vor dem Frühstück üben. Und Nachteulen, die morgens gerne etwas länger im Bett bleiben und sich abends nach getaner Arbeit am wohlsten fühlen, sollten das Workout auf den Abend legen.

● Beim Outfit gilt: bloß kein Stress! Für Pilates brauchen Sie keine High-Tech-Wäsche. Eine Jogginghose, ein T-Shirt und bei Kälte vielleicht noch eine Fleece-Jacke – das ist alles, was nötig ist. Obwohl Sie auch mit Sportschuhen trainieren

können, brauchen Sie für Pilates im Grunde gar keine Schuhe. Im Sommer können Sie barfuß üben, im Winter dicke Socken anziehen.

ZAHLEN, ZAHLEN, ZAHLEN

● Wie viele Wiederholungen soll man machen? Die Präzision der Durchführung und das Bewusstsein für den eigenen Körper sind bei Pilates das A und O. Die Anzahl der Wiederholungen ist daher nicht so wichtig wie die präzise Technik. Mit Ausnahme der Übung »The Hundred«, bei der eine bestimmte Armbewegung bis zu 100-mal durchgeführt wird, arbeitet Pilates mit wenigen Wiederholungen! Als Faustregel gilt: Die Bewegungen werden mindestens 3-mal und höchstens 10-mal wiederholt. Doch wie gesagt: Spüren ist wichtiger als zählen. Wenn Sie die Übungen sehr langsam und kontrolliert durchführen, können Sie sie gar nicht besonders oft wiederholen. Qualität geht also unbedingt vor Quantität!

● Und wie oft soll man trainieren? Joseph Pilates schlug vor, das Mattentraining 4-mal in der Woche jeweils 15 bis 30 Minuten lang zu betreiben, was ein guter Anhaltspunkt ist. Anfängern riet er sogar, pro Workout nur je 10 Minuten, dafür aber mit ganzer Konzentration zu trainieren. Ich würde Ihnen empfehlen, möglichst jeden Tag eine kleine Übungseinheit von mindestens 10 Minuten durchzuführen ● dabei können Sie einfache, lockernde Übungen auswählen (wie etwa »Rolling like a ball«, »Shoulder Drops«, »Neck Rolls« oder Spine Curls«). Mindestens 3-mal die Woche sollten Sie sich allerdings etwas mehr Zeit nehmen und rund 30 Minuten (oder später auch länger) trainieren.

HILFSMITTEL

● Abgesehen von einer guten Gymnastikmatte und bequemer, atmungsaktiver Kleidung benötigen Sie für Pilates keinerlei Ausrüstung. Es gibt jedoch einige Trainingsgeräte, die sich bewährt haben, da sie das Training abwechslungsreicher machen und einige Übungen intensivieren. Dazu gehören elastische Stretch-Bänder und bestimmte Gymnastikbälle, wie etwa der Petziball oder der Redondo-Ball. Sie können jedoch auch mit einem einfachen Luftballon für neue Herausforderungen beim Pilates-Training sorgen: Der DIDIballoon® ist nichts anderes als ein Luftballon aus etwas festerem Material, der Ihnen einige interessante Übungsvarianten ermöglicht – im Praxisteil finden Sie einen Abschnitt mit entsprechenden Übungen (siehe Seite 131 ff.). Ein weiteres einfaches Hilfsmittel ist ein kleines Kissen; vor allem wenn Sie unter Verspannungen im Nacken und Schulterbereich leiden, verhilft Ihnen das Kissen zu einer angenehmen, entspannten Kopfhaltung.

● Zu guter Letzt sei noch das Trainings-Tagebuch erwähnt. Ein Notizblock genügt. Wenn Sie sich aufschreiben, welche Übungen Sie derzeit im Programm haben, und sich dazu Ihre Erfahrungen notieren, werden Sie schnell zu Ihrem optimalen Training finden.

AKTIVIEREN SIE IHR POWERHOUSE!

In den Übungsanleitungen werden Sie immer wieder auf folgenden Satz stoßen: »Aktivieren Sie Ihr Powerhouse.« Was ist darunter zu verstehen? Joseph Pilates erkannte, wie wichtig ein starkes Fundament beim Üben ist. Dabei betonte er die Bedeutung

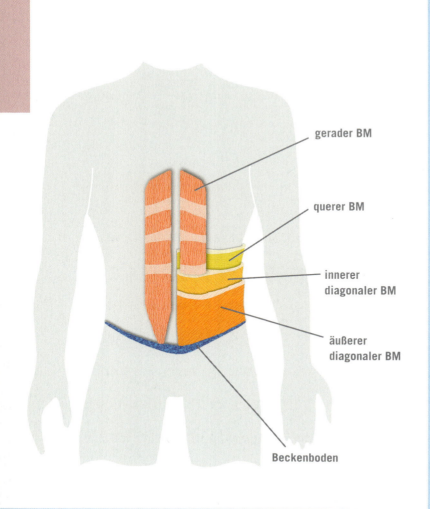

jener Muskelgruppen, die den Körper von unten stützen. Diese Muskeln ermöglichen die aufrechte Haltung und schützen die Wirbelsäule und die Bauchorgane. Aus der Krankengymnastik wissen wir, dass eine gut entwickelte Stützmuskulatur die beste Garantie gegen Bandscheibenvorfälle und viele andere Rückenprobleme ist.
Pilates bezeichnete den ganzen Bereich zwischen Beckenboden und unterem Brustkorb als Powerhouse. Das Powerhouse wird daher oft mit »Körpermitte« gleichgesetzt, meint aber vor allem die Muskulatur der Körpermitte.

Zum Powerhouse gehören folgende Muskelgruppen:
- die schrägen Bauchmuskeln (inner und äußere), die an allen Bewegungen des Rumpfes beteiligt sind
- die quer verlaufenden Bauchmuskeln, die Sie spüren können, wenn Sie niesen oder husten, und die vom Bauch aus nach hinten in Richtung Wirbelsäule verlaufen
- die geraden Bauchmuskeln, die Sie bei typischen Bauchmuskelübungen wie Situps schnell zu spüren bekommen
- die Beckenbodenmuskulatur, die die Vagina

beziehungsweise Peniswurzel im oberen und den Anus im unteren Bereich in Form einer stehenden Acht umschließt

Abgesehen von den Bauch- und Beckenbodenuskeln gehören auch noch die tief liegenden Rückenstrecker, die das Aufrichten des Oberkörpers ermöglichen, zur Stützmuskulatur.

WAS BRINGT EIN STARKES POWERHOUSE?

Jedes Pilates-Workout trainiert Ihr Powerhouse – zumindest dann, wenn Sie die Übungen richtig durchführen. Der Trick besteht immer darin, für eine gute Grundspannung zu sorgen, bevor Sie mit den jeweiligen Bewegungen beginnen, und diese Spannung während der Übung aufrechtzuerhalten.

Ein gut entwickeltes Powerhouse hält den Bauch flach und ist der erste und wichtigste Schritt zu einer guten Figur. Durch Bewegungsmangel und Sitzmarathons verkümmern die Muskeln der Körpermitte nach und nach. Dies führt nicht nur dazu, dass der Bauch sich nach außen wölbt und Ihre Figur leidet: So wie ein schwaches Fundament die Statik des gesamten Hauses gefährdet, haben schlecht entwickelte Stützmuskeln weit reichende Folgen auf die Haltung. Fehlt die Muskelkraft in der Mitte, werden die Bandscheiben besonders stark belastet. Die ganze Haltung leidet – die Schultern werden nach oben gezogen, der obere Rücken beugt sich nach vorne und oft wird auch die Halswirbelsäule in Mitleidenschaft gezogen.

Ein starkes Muskelkorsett schützt Ihre Bandscheiben und sorgt für eine aufrechte Haltung. Die Entwicklung der Beckenbodenmuskulatur verhindert außerdem Inkontinenz und Potenzprobleme.

SO AKTIVIEREN SIE IHR POWERHOUSE

In fast allen Fitnessstudios wird inzwischen vermehrt darauf geachtet, dass die Teilnehmer von Kursen zu »Bauch-Beine-Po« & Co eine gute Grundspannung im Bauchbereich aufbauen. Die einfache Anleitung lautet dann meist: Ziehen Sie den Bauchnabel zur Wirbelsäule. Da Pilates sehr viel mehr Wert auf die Stabilität in der Körpermitte legt, sind auch die Anweisungen detaillierter. In Pilateskursen wird meist mit Visualisierungen gearbeitet, durch die das Powerhouse optimal aktiviert werden kann:

Stellen Sie sich einfach vor, Sie müssten eine zu enge Hose anziehen. Zuerst müssen Sie den Bauchnabel etwas nach innen ziehen, sonst bekommen Sie den Knopf ja nicht zu (dabei werden die schrägen und quer verlaufenden Bauchmuskeln angespannt). Damit Sie jetzt den Reißverschluss schließen können, machen Sie den Bauch »lang« und ziehen den Nabel etwas nach oben (dabei wird Ihre Beckenbodenmuskulatur aktiviert). Achten Sie bei diesen Visualisierungen jedoch darauf, das Becken nicht zu kippen, sondern die Spannung ausschließlich in der Muskulatur zu erzeugen.

Die Beckenbodenmuskulatur lässt sich auch auf andere Weise leicht aktivieren. Zunächst sollten Sie wissen, welche Muskeln damit gemeint sind. Ganz einfach: Wenn Sie während einer langen Autofahrt nicht auf die Toilette gehen können, obwohl Sie kurz zuvor unvorsichtigerweise eine ganze Kanne Tee getrunken haben, sorgen die Muskeln des Beckenbodens dafür, dass Sie auch ohne Windel gut klarkommen, bis der nächste Parkplatz kommt. Um die Beckenbodenmuskulatur anzuspannen, sollten

Sie sie »nach oben ziehen«. Stellen Sie sich den Beckenboden dazu einfach als Aufzug vor. Beim Ausatmen aktivieren Sie die Muskeln, indem Sie den Aufzug ein Stockwerk nach oben fahren lassen. Ob Ihr Powerhouse aktiviert ist, können Sie teilweise mit den Händen überprüfen: Legen Sie sie auf den Bauch und kontrollieren Sie, ob Ihre Bauchmuskeln angespannt sind. Noch wichtiger ist es jedoch, das Powerhouse innerlich zu spüren. Es dauert erfahrungsgemäß nicht lange, bis Sie dafür ein gutes Gefühl entwickeln werden.

DAS A UND O: DIE RICHTIGE HALTUNG

Bewegungsmangel oder einseitige Tätigkeiten machen eine schlechte Haltung zu einer Gewohnheit, die tief im Unterbewusstsein verankert ist. Umso wichtiger ist es, Ihre Haltung sehr aufmerksam zu beobachten und auf Ihr inneres und äußeres Gleichgewicht zu achten. Das Training der Muskulatur reicht nicht aus: Sie benötigen auch eine innere Vorstellung davon, wie es sich anfühlt, aufrecht und zugleich entspannt zu bleiben. Denken Sie an einen Baum, dessen Wurzeln tief in die Erde ragen, während die Äste und die Krone ungehindert in den Himmel wachsen. Stellen Sie sich auch den Baumstamm vor, der zwar stark, zugleich aber auch so flexibel ist, dass er im Sturm nicht bricht. Die Wurzeln entsprechen in diesem Bild dem Powerhouse, die Krone dem Kopf, die Äste den Armen, und der Baumstamm symbolisiert die Wirbelsäule.

SO KONTROLLIEREN SIE IHRE HALTUNG

Jede Pilates-Übung bietet Ihnen die Gelegenheit, an Ihrer Haltung zu feilen, ob Sie nun Anfänger sind oder Fortgeschrittener. Führen Sie aber auch zwischendurch immer wieder einmal einen kleinen Haltungs-Check aus – am besten auch mitten im Alltag. Im Stehen sollten Sie darauf achten, dass

- Ihre Füße den Boden mit der gesamten Fußsohle berühren
- die Füße parallel und etwa hüftbreit auseinander sind und die Zehen nach vorne zeigen
- Ihr Körpergewicht gleichmäßig auf beide Füße verteilt ist
- das Becken weder nach vorne geschoben noch nach hinten gekippt wird
- die ganze Wirbelsäule aufrecht und leicht gedehnt ist, als wollten Sie sich ein Stückchen größer machen
- der Nacken leicht gedehnt ist, indem das Kinn etwas zur Brust gezogen wird (stellen Sie sich eine

dünne Schnur vor, die an Ihrem Scheitel und der Decke befestigt ist und Ihren Kopf leicht nach oben zieht); dadurch vermeiden Sie es, den Hals abzuknicken und das Kinn nach vorn zu schieben.

DIE NEUTRALE BECKENPOSITION

Joseph Pilates legte großen Wert auf die »neutrale Position« – die natürliche Haltung von Becken und unterer Wirbelsäule. Da die meisten Pilates-Übungen in der Rückenlage durchgeführt werden und Sie die Haltung des Beckens so außerdem am besten kontrollieren können, möchte ich Ihnen die optimale Beckenhaltung auch im Liegen beschreiben. Am besten Sie probieren es gleich selbst aus: Legen Sie sich auf den Rücken und stellen Sie die Füße auf – die Beine sind etwa hüftbreit geöffnet, die Arme liegen entspannt neben dem Körper.

- Drücken Sie den unteren Rücken zunächst gegen den Boden – stellen Sie sich vor, Sie lägen am Strand und wollten einen Abdruck im Sand machen. Dazu schieben Sie das Becken etwas nach vorne und machen den Rücken flach wie ein Brett.
- Von der oben beschriebenen Stellung gehen Sie nun ins andere Extrem: Kippen Sie das Becken und heben Sie die Lendenwirbelsäule vom Boden ab. Stellen Sie sich vor, unter Ihrem unteren Rücken läge ein heißer Stein: damit Sie sich nicht verbrennen, müssen Sie die Lendenwirbelsäule abheben und ins Hohlkreuz gehen – Gesäß und oberer Rücken bleiben dabei jedoch in Bodenkontakt.
- Pendeln Sie mehrmals zwischen diesen beiden Haltungen hin und her, indem Sie das Becken abwechselnd nach vorne schieben und nach hinten kippen. Führen Sie die Bewegung sehr langsam aus

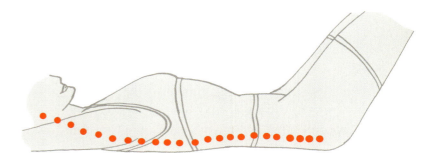

Abgeflachter Rücken

Hohlkreuz

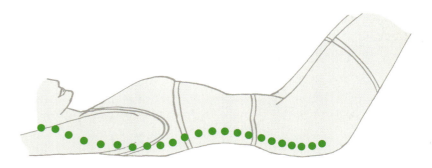

Neutrale Position

wie in Zeitlupe. Lassen Sie die Bewegungen dann immer kleiner werden, und versuchen Sie die Mitte zu finden. Diese Mitte, in der Ihr unterer Rücken zwar leicht gewölbt, aber nicht im Hohlkreuz ist, ist die »neutrale Position«.

Die richtige Beckenstellung sollten Sie natürlich nicht nur im Liegen, sondern auch im Stehen und Sitzen einüben. Sie können dies jederzeit im Alltag probieren, ganz gleich ob am Schreibtisch oder in der Warteschlange vor der Supermarktkasse. Führen Sie kleine, nahezu unsichtbare Kippbewegungen mit dem Becken aus und suchen Sie so lange, bis Sie die optimale Mittelstellung gefunden haben.

BRUST, SCHULTERN, NACKEN UND GESICHT

Um die Pilates-Übungen korrekt durchführen zu können, ist der Oberkörper ebenso wichtig wie Becken, Bauch und unterer Rücken. Berücksichtigen Sie beim Training daher auch die folgenden Punkte:

- Der Brustkorb: Die Brust darf nicht in sich zusammensinken. Ein sanft geweiteter Brustkorb erleichtert die richtige Atmung und verhilft zu einer guten Haltung. Allerdings geht es nicht darum, den Brustkorb künstlich herauszustrecken, denn der Schwerpunkt soll ja in der Körpermitte bleiben und nicht nach oben verlagert werden. Durch eine kleine Visualisierung bekommen Sie das richtige Gefühl für die optimale Stellung des Brustkorbs: Stellen Sie sich vor, dass eine kleine Sonne in Ihrer Brust strahlt und lassen Sie diese Sonne nicht nach unten, sondern nach vorne und oben scheinen.

- Die Schultern: Bei Stress und Alltagsbelastungen neigen wir dazu, die Schultern hochzuziehen und sie zu verkrampfen. Bei Pilates sollten Sie genau das Gegenteil tun: Lassen Sie die Schultern unbedingt unten! Das Hochziehen der Schultern führt automatisch zu Verspannungen und einer schlechten Haltung. Um die richtige Schulterhaltung einzunehmen, gibt es einen einfachen Trick: Ziehen Sie die Schulterblätter zugleich nach unten und innen (Richtung Wirbelsäule). Dadurch vermeiden Sie es, die Schultern hängen zu lassen. Werden die Schultern nach unten und hinten gezogen, werden Sie spüren, dass Ihr Brustkorb sich dabei ganz von selbst weitet. Außerdem bekommen Sie das Gefühl, dass die Wirbelsäule gedehnt wird und Sie ein oder zwei Zentimeter größer werden.

● Der Nacken sollte im Liegen, Stehen und Sitzen immer leicht gedehnt werden. Fehlstellungen im Bereich der Halswirbelsäule entstehen meist dadurch, dass das Kinn nach vorne geschoben wird und der

Kopf zu weit nach hinten in den Nacken gelegt wird. Dadurch entsteht ein »Knick« in der Halswirbelsäule, der zu Spannungen in der Nackenmuskulatur führt. Die natürliche Mittelstellung des Kopfes erreichen Sie, indem Sie den Nacken dehnen und »lang werden lassen«. Führen Sie dazu das Kinn ein wenig Richtung Brust (ohne zu übertreiben) und spüren Sie mit dem Scheitel nach oben.

● Das Gesicht und der Kiefer sollten bei allen Pilates-Übungen vollkommen entspannt bleiben. Anfänger beißen oft noch die Zähne zusammen und machen ein angestrengtes Gesicht – doch gerade das ist bei Pilates nicht nötig, sondern vielmehr hinderlich. Am besten wirken die Übungen, wenn Sie innerlich entspannt bleiben und man Ihnen die entspannte Einstellung auch am Gesicht ansehen kann.

KAPITEL 2:
How to start – einfache Übungen und Warm-up

Je sanfter Ihr Einstieg in das Pilates-Training ist, desto besser. Im Folgenden finden Sie 10 einfache Techniken, die für ein gutes Fundament sorgen. Diese Übungen haben den Vorteil, dass Sie besonders gut darauf achten können, die Pilates-Prinzipien in die Praxis umzusetzen. Sie lösen Verspannungen, stabilisieren die Wirbelsäule, dehnen die Muskeln und bieten auch ein gutes Warm-up für spätere Techniken; auch als Fortgeschrittener sollten Sie immer wieder auf die vorbereitenden Übungen zurückkommen. Sie können die 10 Übungen als durchgehendes Programm in der angegebenen Reihenfolge durchführen. Anfangs ist es jedoch besser, nur drei bis vier Techniken auszuwählen und Ihr Programm dann allmählich zu erweitern. Beginnen Sie jedoch immer mit der Entspannungsübung »Relaxation Position«. Als Anfänger sollten Sie mindestens 4 Wochen bei den »einfachen Übungen« bleiben, bevor Sie zu den »Klassikern« übergehen.

Relaxation Position (Entspannungshaltung)

 WIRKUNG:
Alle Muskeln werden entspannt, die Wirbelsäule wird entlastet und das Körperbewusstsein verbessert. Eine ideale Anti-Stress-Übung.

In der Rückenlage stellen Sie die Füße auf – die Beine sind angewinkelt und locker geöffnet, die Füße hüftbreit auseinander. Achten Sie auf die neutrale Stellung der Wirbelsäule, legen Sie die Hände auf den Bauch und schließen Sie die Augen. Spüren Sie aufmerksam in Ihren Körper hinein. Spüren Sie die Füße, die den Boden sanft berühren, die Waden und Oberschenkel. Entspannen Sie das Gesäß und den ganzen Rücken. Geben Sie das Gewicht Ihres Körpers bewusst an den Boden ab. Lassen Sie Spannungen in Schultern und Nacken los. Spüren Sie, wie die Schultern sich allmählich weiten. Entspannen Sie auch Gesicht und Kiefer, sodass alle Sorgenfalten verschwinden. Beobachten Sie, wie Ihr Atem kommt und geht, und lassen Sie Ihren Körper ganz schwer und weich werden.

TIPPS FÜR DIE PERFEKTE AUSFÜHRUNG

Um Spannungen im Nacken zu vermeiden, können Sie ein kleines Kissen unter den Kopf legen. Versuchen Sie, während der Übung Spannungen in den Muskeln aufzuspüren, und lassen Sie diese jeweils mit dem Ausatmen los. Dazu können Sie das Ausatmen ein wenig verlängern, was jedoch in der Entspannung meist von selbst geschieht. Achten Sie darauf, immer durch die Nase zu atmen. Vergessen Sie nicht, auch Ihren »Kopf« zu entspannen. Je mehr Sie sich auf Ihren Körper konzentrieren, desto leichter fällt es, Belastungen und Sorgen zu vergessen und einen freien Kopf zu bekommen.

Neck Rolls I (Nackenübungen)

 WIRKUNG: Ideal für alle, die viel sitzen. Nackenmuskulatur und Schultern werden tief entspannt, und die Haltung des Kopfes verbessert sich, wodurch Verspannungen und Kopfschmerzen vorgebeugt wird.

Sie liegen auf dem Rücken, die Füße sind aufgestellt, die Beine angewinkelt, und die Arme liegen entspannt neben dem Körper. Mit dem Ausatmen rollen Sie den Kopf nun ganz langsam nach links – lassen Sie dabei einfach das Gewicht des Kopfes wirken. Einatmend wieder zur Mitte zurückdrehen und den Kopf beim nächsten Ausatmen nach rechts rollen lassen. Wiederholen Sie dies mindestens 3-mal. Anschließend führen Sie nickende Bewegungen mit dem Kopf aus: Ziehen Sie das Kinn ausatmend zur Brust, der Nacken wird sanft gedehnt. Einatmend wieder entspannen und das Kinn ein wenig nach oben führen, um den Kopf in den Nacken zu legen. Dann das Kinn wieder zur Brust senken und dabei ausatmen. Wiederholen Sie diese Bewegung mindestens 3-mal.

TIPPS FÜR DIE PERFEKTE AUSFÜHRUNG

Lassen Sie Ihr Powerhouse während der ganzen Übung aktiviert und atmen Sie in den seitlichen und unteren Brustkorb. Ein kleines, flaches Kissen unter dem Kopf kann die Übung erleichtern. Konzentrieren Sie sich beim Rollen des Nackens auf Ihre Nasenspitze, die zunächst kleine Halbkreise nach links und rechts und beim Nicken von oben nach unten beschreibt. Schöpfen Sie Ihren Bewegungsradius aus, doch achten Sie auf Ihre Schmerzgrenze. Der Kopf bleibt während der Übung immer in Bodenkontakt, und die Schultern bleiben entspannt.

Shoulder Drops (Schulterentspannung)

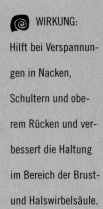

 WIRKUNG:
Hilft bei Verspannungen in Nacken, Schultern und oberem Rücken und verbessert die Haltung im Bereich der Brust- und Halswirbelsäule.

3

Legen Sie sich in der Entspannungshaltung auf den Rücken: Die Füße sind aufgestellt, die Beine etwas angewinkelt. Heben Sie beide Arme senkrecht nach oben – die Handflächen sollten dabei zueinander gedreht sein, und die Fingerspitzen zeigen nach oben. Heben Sie nun den linken Arm, als wollten Sie mit den Fingern die Decke berühren; die linke Schulter hebt sich dabei ein Stück vom Boden ab. Halten Sie die Dehnung etwa drei Sekunden, und lassen Sie das ganze Schulterblatt dann wieder fallen. Dann heben Sie die rechte Schulter vom Boden ab – strecken Sie den Arm weit nach oben. Die Dehnung kurz halten und wieder fallen lassen. Wiederholen Sie die Übung abwechselnd mit der linken und rechten Schulter jeweils mindestens 5-mal.

TIPPS FÜR DIE PERFEKTE AUSFÜHRUNG

Ziehen Sie die Schultern während der Übung nicht nach oben zu den Ohren und achten Sie darauf, dass die Arme wirklich senkrecht nach oben gestreckt sind. Behalten Sie die Grundspannung im Bauch- und Beckenbereich (Powerhouse) während der ganzen Übung bei, doch lassen Sie den Atem unbeeinflusst ein- und ausströmen. Wichtig ist, dass die Bewegung nur aus den Schultern ausgeführt werden: Der Kopf bleibt entspannt und macht die Bewegung passiv mit. Führen Sie die Schulterbewegungen weich und fließend aus. Dehnen Sie nur so weit, dass es sich angenehm für Sie anfühlt.

PILATES HOW TO START – EINFACHE ÜBUNGEN UND WARM-UP

Sliding Arms and Legs
(Arm- und Beingleiten)

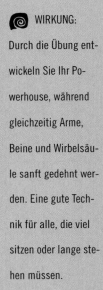

 WIRKUNG: Durch die Übung entwickeln Sie Ihr Powerhouse, während gleichzeitig Arme, Beine und Wirbelsäule sanft gedehnt werden. Eine gute Technik für alle, die viel sitzen oder lange stehen müssen.

④

Sie liegen auf dem Rücken, die Füße sind aufgestellt und die Beine leicht angezogen. Die Arme liegen entspannt neben dem Körper. Atmen Sie tief ein. Dann Ausatmen, den Nabel dabei etwas nach innen ziehen und gleichzeitig das linke Bein und den rechten Arm ausstrecken. Bei dieser diagonalen Bewegung lassen Sie den Fuß einfach nach unten gleiten, bis das Bein den Boden berührt – den Arm heben Sie zugleich gestreckt über die Senkrechte nach hinten, als wollten Sie den Boden hinter sich berühren. Beim Einatmen ziehen Sie den Fuß wieder an und führen den Arm gleichzeitig zurück neben den Körper. Wechseln Sie dann die Seite: Mit dem Ausatmen die Bauchmuskeln anspannen und rechtes Bein und linken Arm von der Mitte wegstrecken, kurz dehnen und dann einatmend in die Ausgangsposition zurückkehren. Wiederholen Sie die Übung im Wechsel mindestens 3-mal.

TIPPS FÜR DIE PERFEKTE AUSFÜHRUNG

Führen Sie die Arm- und Beinbewegungen aus Ihrem Zentrum durch. Halten Sie dazu die Grundspannung in Bauch und Becken aufrecht, während Sie mit Armen und Beinen fließende Bewegungen ausführen. Gesicht, Schultern und Nacken bleiben während der Übung entspannt, und das Becken verharrt in der Mittelstellung. Es ist nicht nötig, den jeweils ausgestreckten Arm bis zum Boden zu führen: Gehen Sie nur so weit, wie es Ihnen angenehm ist.

Hip Flexor Stretch (Dehnung der Hüftbeuger)

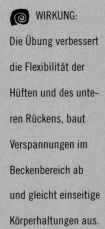 **WIRKUNG:** Die Übung verbessert die Flexibilität der Hüften und des unteren Rückens, baut Verspannungen im Beckenbereich ab und gleicht einseitige Körperhaltungen aus.

5

Legen Sie sich auf den Rücken – die Beine sind ausgestreckt, die Arme liegen entspannt neben dem Körper. Konzentrieren Sie sich auf Ihr Powerhouse und spannen Sie die Bauch- und Beckenmuskulatur leicht an. Beugen Sie dann das rechte Bein an, heben Sie den Fuß vom Boden ab und umgreifen Sie das Knie mit Ihren Händen. Mit dem nächsten Ausatmen ziehen Sie das Knie vorsichtig in Richtung Brust. Halten Sie die sanfte Dehnung drei Atemzüge lang. Mit jedem Ausatmen können Sie die Dehnung noch etwas verstärken. Dann die Hände lösen und das rechte Bein wieder ablegen. Führen Sie die Übung nach einer kurzen Pause auch mit dem linken Bein durch. Halten Sie die Dehnung wieder drei Atemzüge und wiederholen Sie die Übung nochmals mit jedem Bein.

TIPPS FÜR DIE PERFEKTE AUSFÜHRUNG

Achten Sie bei Dehnübungen grundsätzlich auf Ihre persönliche Dehngrenze. Auch wenn es ruhig ein bisschen ziehen darf, sollte die Dehnung keinesfalls schmerzen. Kopf und Schultern bleiben während der Übung entspannt auf dem Boden liegen – ebenso das ausgestreckte Bein. Männer sollten das Bein, das gedehnt wird, direkt in Richtung Körpermitte ziehen, Frauen können etwas mehr nach außen dehnen.

Achten Sie außerdem darauf, dass Sie nicht ins Hohlkreuz gehen und der untere Rücken in der neutralen Position bleibt.

Spine Curls (Beckenheben)

 WIRKUNG:
Die Übung strafft die Bauch-, Becken- und Oberschenkelmuskulatur. Die Stützmuskulatur wird trainiert, die Haltung verbessert sich, und der gesamte Rücken wird entlastet.

Sie liegen auf dem Rücken, die Füße sind aufgestellt und etwa eine Handbreit auseinander, die Beine sind angewinkelt. Legen Sie die Arme neben den Körper, die Handflächen berühren den Boden. Atmen Sie zunächst tief ein. Beim Ausatmen aktivieren Sie Ihr Powerhouse, indem Sie den Bauchnabel leicht nach innen ziehen und die Bauch- und Beckenbodenmuskulatur etwas anspannen. Spannen Sie auch die Gesäßmuskeln an und heben Sie das Steißbein dann langsam ein wenig nach oben. Atmen Sie oben ein und lassen Sie die Lendenwirbelsäule mit dem nächsten Ausatmen wieder nach unten sinken – dabei den Nabel nach innen ziehen und die Bauchmuskeln anspannen. Am Boden angekommen, atmen Sie ein. Ausatmend werden Steißbein und unterer Rücken wieder angehoben – diesmal etwas weiter. Wiederholen Sie das Ganze 5-mal.

TIPPS FÜR DIE PERFEKTE AUSFÜHRUNG

Achten Sie bei der Endstellung darauf, dass Oberschenkel und Oberkörper auf einer Linie sind. Bei jedem Beckenheben wird der Körper etwas weiter vom Boden abgehoben. Beim Senken sollten Sie Wirbel für Wirbel ganz langsam abrollen. Die Atmung ist einfacher, als es scheint: Bei jeder Bewegung des Beckens – egal ob auf- oder abwärts – atmen Sie aus und in den Zwischenstellungen jeweils ein.

Achten Sie während der gesamten Übung auf fließende Bewegungsabläufe mit dem Becken.

Side Rolls (Hüftdrehen)

 WIRKUNG:
Die Flexibilität und Stabilität der Wirbelsäule wird erhöht. Gleichzeitig werden Bauch und Taille trainiert.

Legen Sie sich auf den Rücken – die Füße sind aufgestellt und hüftbreit auseinander. Die Arme liegen abgespreizt neben dem Körper, die Handflächen berühren den Boden. Aktivieren Sie Ihr Powerhouse, indem Sie den Unterbauch etwas anspannen. Als nächstes ziehen Sie zuerst das linke, dann das rechte Knie in Richtung Oberkörper. Die Knie sollten über der Hüfte und die Unterschenkel parallel zum Boden sein. Jetzt einatmen und dann beim Ausatmen die Beine nach links und den Kopf nach rechts drehen – doch nur so weit, wie es Ihnen schmerzfrei möglich ist. In der Endposition einatmen und dann Knie und Kopf ausatmend wieder zur Mittelstellung bringen. Atmen Sie ein und drehen Sie Beine und Kopf beim Ausatmen in die andere Richtung. Wiederholen Sie die Übung 5-mal je Seite.

TIPPS FÜR DIE PERFEKTE AUSFÜHRUNG

Ober- und Unterschenkel sollten während der Übung immer im rechten Winkel bleiben. Ein kleines Kissen unter dem Kopf erleichtert eine entspannte Haltung des Kopfes. Ziehen Sie das Kinn etwas zur Brust, um den Nacken zu dehnen. Ziehen Sie die Schulterblätter nach unten – die Schultern bleiben während der Drehbewegung von Kopf und Beinen immer in Bodenkontakt. Es geht nicht darum, die Beine möglichst weit zum Boden zu führen, sondern die Bewegungen behutsam und aus einem starken Zentrum auszuführen. Ein Tennisball zwischen den Knien sorgt für den idealen Abstand der Beine zueinander.

PILATES — HOW TO START – EINFACHE ÜBUNGEN UND WARM-UP

Curl ups (Bauchmuskelcurl)

WIRKUNG: Die klassische Bauchmuskelübung trainiert sämtliche Bauchmuskeln und die Taille und kräftigt den Bereich rund um die Lendenwirbelsäule.

Sie liegen auf dem Rücken, die Füße sind aufgestellt und etwa eine Handbreit auseinander, die Beine sind angewinkelt. Legen Sie die rechte Hand auf den Unterbauch, die linke legen Sie hinter den Kopf. Atmen Sie zunächst tief ein. Beim Ausatmen aktivieren Sie Ihr Powerhouse: Ziehen Sie den Bauchnabel dazu leicht nach innen und spannen Sie die Bauch- und Beckenbodenmuskulatur an. Immer noch ausatmend heben Sie Kopf und Schultern langsam vom Boden ab, bis Sie eine deutliche Spannung in den Bauchmuskeln spüren – der Ellbogen darf dabei etwas nach oben zeigen. Dann einatmend wieder langsam nach unten rollen und Kopf und Ellbogen ablegen. Wiederholen Sie die Übung mit dem nächsten Ausatmen und führen Sie das Ganze mindestens 3-mal durch. Dann die Armstellung wechseln und wieder ebenso viele Wiederholungen ausführen.

TIPPS FÜR DIE PERFEKTE AUSFÜHRUNG

Rollen Sie die Wirbelsäule beim Auf- und Abbewegen des Oberkörpers immer Wirbel für Wirbel ab und arbeiten Sie nie ruckartig. Führen Sie die Übung kontrolliert durch – um einen guten Trainingseffekt zu erzielen, reicht es, Kopf und Schulterbereich vom Boden abzuheben. Achten Sie darauf, dass der Unterbauch flach bleibt, machen Sie die Wirbelsäule lang und dehnen Sie den Nacken.

Auch wenn es Ihnen anfangs schwer fällt: Beißen Sie während der Übung nicht die Zähne aufeinander.

PILATES HOW TO START – EINFACHE ÜBUNGEN UND WARM-UP

Cat Stretch (Katzendehnung)

WIRKUNG: Die Übung stabilisiert die Körperhaltung, gleicht Haltungsfehler aus und trainiert Beine, Po, Rücken und Schultern.

Für die folgende Übung gehen Sie in den Vierfüßlerstand: Die Hände sind dabei unter den Schultern, die Knie unter den Beckenknochen, und der Nacken ist gedehnt, sodass der ganze Rücken eine gerade Fläche bildet. Aktivieren Sie Ihr Powerhouse, spannen Sie die Bauchmuskeln leicht an und ziehen Sie den Nabel etwas ein. Ausatmend strecken Sie das linke Bein gerade nach hinten, ohne das Becken zu verdrehen. Dann Einatmen und beim nächsten Ausatmen den rechten Arm nach vorne strecken. Versuchen Sie, das Gleichgewicht in dieser diagonalen Stellung zu halten. Dehnen Sie den Arm nach vorne, das Bein nach hinten und lassen Sie die Wirbelsäule lang werden. Halten Sie die Stellung einige Sekunden, dann wieder zur Ausgangsstellung zurückkehren und die Seiten wechseln. Führen Sie die Übung mit jeder Seite 3-mal aus.

TIPPS FÜR DIE PERFEKTE AUSFÜHRUNG

Achten Sie beim Vierfüßlerstand darauf, dass die Hände genau unter den Schultern und die Ellbogen leicht gebeugt sind – das Gewicht ist gleichmäßig auf Händen und Beinen verteilt. Stellen Sie sich während der Übung vor, dass Ihr Rücken eine Tischplatte ist, auf der eine Vase steht, die nicht hinunterfallen darf. Der Kopf ist in der Verlängerung der Wirbelsäule, Sie schauen nach unten. Kontrollieren Sie vor einem Spiegel, ob Ihr Bein in der Streckung wirklich gerade nach hinten gestreckt ist. Auch der Arm sollte weder zu weit nach oben noch zur Seite weisen.

Roll Down I (Abrollen im Sitzen)

 WIRKUNG:
Die Technik ist eine wichtige Vorübung und ein gutes Warm-up. Die Bauch- und Beinmuskulatur wird gestrafft - die Haltung verbessert sich.

Im Sitzen winkeln Sie die Beine etwas an und stellen die Füße fest auf. Fassen Sie mit den Händen unter Ihre Knie. Die Ellbogen zeigen nach außen, die Arme sind rund. Dehnen Sie die Wirbelsäule und den Nacken – der Rücken sollte vom Steißbein bis zum Schädeldach eine gerade Linie bilden. Jetzt ausatmen, den Nabel nach innen ziehen, die Bauch- und Gesäßmuskeln anspannen und das Becken über das Steißbein nach hinten abrollen. Der Oberkörper sinkt dabei etwas nach hinten – dabei sollten Sie einen runden Rücken machen und das Kinn leicht an die Brust ziehen. Mit dem Einatmen richten Sie den Oberkörper so weit auf, bis Sie wieder gerade sitzen – dabei die Bauchmuskeln bewusst anspannen, die Schultern jedoch entspannen. Wiederholen Sie den Wechsel zwischen Aufrichten und Abrollen mindestens 3-mal.

TIPPS FÜR DIE PERFEKTE AUSFÜHRUNG

In der Ausgangsstellung sollte Ihre Wirbelsäule ganz aufrecht sein. Achten Sie darauf, dass die Füße hüftbreit auseinander stehen und die Fußsohlen während der Übung immer fest in Bodenkontakt bleiben.

Bringen Sie den Oberkörper ganz langsam in die halbrunde Position – die Schultern kommen dabei nach vorne. Mit der Zeit können Sie den Oberkörper beim Abrollen immer weiter nach hinten sinken lassen –

achten Sie jedoch stets darauf, den Rücken rund zu machen. Übrigens: Je näher die Füße an den Körper gezogen werden, desto anstrengender wird die Übung.

KAPITEL 3:
Die Pilates-Klassiker

In diesem Kapitel lernen Sie die Klassiker unter den Pilates-Übungen kennen. Diese Techniken bilden die Grundlage der meisten Pilates-Kurse. Für viele der folgenden »Basics« brauchen Sie bereits eine einigermaßen gut entwickelte Muskulatur, weshalb Sie mindestens einen Monat lang die vorbereitenden Techniken aus dem vorigen Kapitel durchgeführt haben sollten, bevor Sie mit diesen Übungen beginnen. Die Pilates-Klassiker stärken Bauch, Beine und Po, erhöhen die Beweglichkeit des ganzen Körpers, verbessern Koordination und Gleichgewichtssinn und bringen alle Muskeln in Balance.

Sie können die folgenden Übungen in der angegebenen Reihenfolge als Komplettprogramm durchführen oder einige auswählen, die Sie mit einfacheren Übungen aus dem vorigen Kapitel kombinieren. Wenn Sie eigene Programme zusammenstellen, sollten Sie lediglich darauf achten, dass Sie die Körperstellung nicht zu oft wechseln müssen, also beispielsweise immer zunächst eine Reihe von Übungen in der Rückenlage durchführen, bevor Sie in die Bauchlage oder ins Sitzen wechseln.

Rolling like a Ball (Rückenrollen)

 WIRKUNG:
Die Übung verbessert das Gleichgewicht, massiert den ganzen Rücken und löst Verspannungen.

Im Sitzen ziehen Sie die Beine an und verschränken die Hände unter den Oberschenkeln etwas oberhalb der Kniekehlen – die Arme bleiben während der Übung rund, und die Ellbogen zeigen nach außen. Heben Sie die Füße einige Zentimeter vom Boden ab. Mit dem Ausatmen ziehen Sie den Bauchnabel etwas nach innen, führen das Kinn zur Brust und machen den Rücken ganz rund. Einatmend lassen Sie sich wie ein Ball nach hinten rollen. Rollen Sie den Oberkörper so weit nach hinten, dass nur noch der obere Rücken und die Schultern Bodenkontakt haben – Kopf und Nacken sollten den Boden jedoch nicht berühren. Mit dem Ausatmen rollen Sie wieder nach vorne in die Ausgangsstellung. Wiederholen Sie die fließende Rollbewegung mindestens 5-mal.

TIPPS FÜR DIE PERFEKTE AUSFÜHRUNG

Damit Sie möglichst weich und rund rollen können, sollten Sie auf einer Gymnastikmatte üben. Die Beine sollten beim Rückenrollen ein wenig geöffnet bleiben. Anfangs fällt es leichter, die Übung mit etwas Schwung auszuführen, doch mit der Zeit sollten Sie versuchen, den Rücken ganz kontrolliert Wirbel für Wirbel abzurollen. Runden Sie dabei nicht nur den oberen, sondern auch den unteren Rücken so gut wie möglich ab. Der Abstand zwischen Kopf und Knien sollte beim Auf- und beim Abrollen immer gleich bleiben.

Leg Circles (Beinkreisen)

 WIRKUNG: Die Bauchmuskeln werden gefestigt, und die Beweglichkeit der Beine und Hüften verbessert sich.

Legen Sie sich auf den Rücken – die Beine sind ausgestreckt, die Arme liegen entspannt neben dem Körper. Konzentrieren Sie sich auf Ihr Powerhouse und spannen Sie die Bauch- und Beckenmuskulatur ein wenig an. Mit dem nächsten Ausatmen verstärken Sie die Spannung in den Bauchmuskeln noch, geben etwas Druck auf die Handflächen und strecken Ihr rechtes Bein senkrecht nach oben. Mit dem Einatmen beginnen Sie, mit dem Bein kleine Kreise im Uhrzeigersinn zu beschreiben. Stellen Sie sich vor, Sie müssten mit den Zehen kleine Kreise in die Luft malen. Atmen Sie tief und bewahren Sie die Grundspannung in den Bauchmuskeln. Lassen Sie die Kreise dann allmählich etwas größer werden. Kreisen Sie insgesamt 5-mal im und 5-mal gegen den Uhrzeigersinn. Dann das Bein langsam ablegen und mit der anderen Seite wiederholen.

TIPPS FÜR DIE PERFEKTE AUSFÜHRUNG

Richtig ausgeführt ist die Übung gar nicht so einfach: Beim Leg Circle darf immer nur das aktive Bein bewegt werden – Rücken, Schultern, Arme und das ausgestreckte Bein sollten völlig stabil bleiben.

Besonders wichtig ist, dass die Schultern und Hüften fest auf dem Boden bleiben. Vergrößern Sie die Kreise nur, wenn Sie keine Rückenprobleme haben, und achten Sie auf Ihre Schmerzgrenze. Anfangs macht es nichts, wenn das obere Bein nicht ganz ausgestreckt ist – mit der Zeit werden Sie es ohne Probleme durchstrecken können.

Shoulder Bridge (Schulterbrücke)

 WIRKUNG:
Die anspruchsvolle Übung trainiert Bauch, Beine und Gesäß und verbessert die Koordination und den Gleichgewichtssinn.

10

Legen Sie sich auf den Rücken, die Beine sind angewinkelt und die Füße hüftbreit auseinander. Ausatmend spannen Sie die Bauchmuskeln an und heben das Becken, sodass Oberschenkel und Oberkörper eine Schräge bilden. Um den Rücken abzustützen, greifen Sie mit den Händen unter die Hüften, die Finger zeigen nach außen. Sobald die Haltung stabil ist, heben Sie das linke Bein einatmend gestreckt nach oben – die Zehen zeigen zur Decke. Senken Sie das Bein mit dem Ausatmen so weit ab, bis es sich in einer Linie mit dem rechten Oberschenkel befindet – die Zehen dabei nach vorn strecken. Mit dem Einatmen heben Sie das Bein wieder senkrecht hoch. Wiederholen Sie das Heben und Senken mindestens 3-mal, stellen Sie den Fuß dann wieder ab und pausieren Sie, indem Sie sich kurz auf den Rücken legen. Wechseln Sie dann die Seite.

TIPPS FÜR DIE PERFEKTE AUSFÜHRUNG

Achten Sie darauf, den Nacken zu dehnen und die Oberarme in der Schulterbrücke fest gegen den Boden zu pressen. Die Ellbogen sollten in der Stellung unter den Händen bleiben und dürfen nicht zu weit außen liegen. Sehr wichtig ist es, auf eine stabile Körperhaltung zu achten. Während sich das aktive Bein auf und ab bewegt, bleiben Oberkörper und das passive Bein vollkommen unbeweglich; die Hüften bleiben in einer Linie und dürfen nicht gekippt werden. Halten Sie während der ganzen Übung Ihr Powerhouse aufrecht.

Single Leg Stretch (Einfache Beindehnung)

 WIRKUNG: Die Übung trainiert die Problemzonen Bauch, Beine und Po und ist Balsam für alle, die sich im Alltag zu wenig bewegen.

11

Sie liegen auf dem Rücken, der Nacken ist gestreckt, die Arme liegen neben dem Körper, und die Füße sind aufgestellt. Mit dem Ausatmen ziehen Sie den Unterbauch etwas ein, spannen die Bauchmuskeln an und ziehen die Knie nacheinander zur Brust. Einatmend umfassen Sie das rechte Knie mit den verschränkten Händen. Ausatmend heben Sie den Kopf ein Stück vom Boden ab, ziehen das rechte Knie leicht zur Brust und strecken zugleich das linke Bein nach oben durch. Mit dem Einatmen das Bein wieder zurücknehmen, die Handstellung wechseln und diesmal das linke Knie umfassen. Ausatmend die Bauchmuskeln wieder anspannen und jetzt das rechte Bein nach oben strecken. Führen Sie das Strecken und Anwinkeln der Beine im Wechsel jeweils mindestens 5-mal durch, dann die Füße abstellen und entspannen.

TIPPS FÜR DIE PERFEKTE AUSFÜHRUNG

Die Arme, die jeweils ein Bein umfassen, sollten einen Kreis bilden, die Ellbogen zeigen also nach außen. Das Becken bleibt während der Übung stabil und darf nicht gekippt werden. Auch die Schultern bleiben in ihrer Position. Führen Sie die Bewegungen rund und fließend aus, halten Sie die Grundspannung im Bauch- und Beckenraum aufrecht und gehen Sie nicht ins Hohlkreuz. Nacken, Schultern und Gesicht bleiben entspannt. Falls Sie das aktive Bein noch nicht ganz durchstrecken können, ist dies halb so wild. Mit der Zeit wird es Ihnen immer leichter fallen.

Oblique Curl Ups
(Diagonale Bauchmuskelübung)

 WIRKUNG:
Die Übung stabilisiert die Wirbelsäule, trainiert die schrägen Bauchmuskeln und beugt Rückenproblemen vor.

12

Aus der Rückenlage verschränken Sie die Hände hinter dem Kopf. Die Füße sind aufgestellt und hüftbreit auseinander, die Beine sind angewinkelt und das Becken ist in der neutralen Position. Dehnen Sie die Brust und atmen Sie einige Male tief durch. Mit dem nächsten Ausatmen ziehen Sie den Nabel etwas nach innen und spannen die Bauchmuskeln an. Gleichzeitig heben Sie Kopf und Nacken vom Boden ab und rollen die rechte Schulter diagonal in Richtung des linken Knies. Beim Einatmen in die Mittelstellung zurückkehren und Kopf und Schultern wieder senken. Ausatmend Kopf und Nacken abheben und diesmal mit der linken Schulter diagonal zum rechten Bein drehen. Einatmend zur Mitte zurückkehren und den Oberkörper senken. Wiederholen Sie die Übung, bis Sie ein deutliches Ziehen in den Bauchmuskeln spüren – anfangs genügen schon je drei Wiederholungen pro Seite, später können Sie steigern.

TIPPS FÜR DIE PERFEKTE AUSFÜHRUNG

Auch wenn die Hände hinter dem Kopf verschränkt sind, sollten Sie den Oberkörper nur aus der Kraft der Bauchmuskeln aufrichten und nicht mit den Armen ziehen. Die Ellbogen bleiben während der ganzen Übung geöffnet – führen Sie die Drehbewegung nur von den Schultern her aus. Lassen Sie den Oberkörper gestreckt und vermeiden Sie es, beim Aufrichten einen »Buckel« zu machen. Es genügt vollkommen, kleine Bewegungen auszuführen. Und auch wenn es schwer fällt – versuchen Sie, das Gesicht entspannt zu lassen.

The Hundred easy
(Vorübung zu »Die Hundert«)

 WIRKUNG: »The Hundred« ist der Pilates-Klassiker. Der ganzen Körper wird gründlich aufgewärmt; Arm-, Bauch- und Beinmuskeln werden trainiert.

13

Sie liegen auf dem Rücken, die Arme neben dem Körper. Mit dem Ausatmen spannen Sie die Bauchmuskeln an und ziehen die Knie in Richtung Brust. Oberkörper und Oberschenkel bilden einen 90-Grad-Winkel, die Unterschenkel werden parallel zum Boden gehalten. Atmen Sie tief ein. Mit dem nächsten Ausatmen heben Sie Kopf, Schultern und Arme einige Zentimeter vom Boden ab. Beginnen Sie dann damit, federnde Bewegungen mit den Armen durchzuführen. Einatmend pumpen Sie mit den gestreckten Armen in kleinen, raschen Bewegungen 5-mal auf und ab. Ausatmen und die Arme weiter auf und ab federn – wieder 5-mal. Einatmen, 5-mal pumpen; ausatmen, wieder 5-mal pumpen und das Ganze noch ein letztes Mal wiederholen. Beginnen Sie mit 30 Pumpbewegungen und steigern Sie mit der Zeit auf bis zu hundert (daher die Bezeichnung »The Hundred«). Dann die Beine senken, die Arme ablegen und entspannen.

TIPPS FÜR DIE PERFEKTE AUSFÜHRUNG

Bei jedem Atemzyklus pumpen Sie insgesamt 10-mal mit den Armen – und zwar 5-mal beim Ein- und 5-mal beim Ausatmen. Die Arme sollten nahe am Körper gehalten werden und immer durchgestreckt bleiben – die Handflächen zeigen nach unten, die Finger nach vorne. Die Arme sollten nie höher als 20 Zentimeter gehoben werden. Die Bewegung kommt aus den Schultern, die nicht nach oben gezogen werden dürfen. Halten Sie Ihr Powerhouse während der gesamten Übung aktiv.

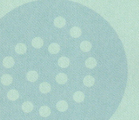

Spine Twist (Wirbelsäulendrehung)

 WIRKUNG: Die Übung trainiert die Rückenmuskeln, baut Verspannungen ab, verbessert die Stabilität des Körpers und erhöht die Sauerstoffzufuhr.

14

Im Sitzen strecken Sie die geschlossenen Beine nach vorne aus – die Fußknöchel berühren sich dabei, die Zehen sind nach vorne gestreckt. Sitzen Sie so aufrecht wie möglich, dehnen Sie den Nacken und lassen Sie die Wirbelsäule »lang werden«. Die Arme hängen passiv nach unten. Einatmend heben Sie die Arme seitlich in die Waagrechte – stellen Sie sich vor, Sie hätten Flügel, die Sie ausbreiten wollen. Die Handflächen zeigen nach unten. Tief ausatmend ziehen sie den Nabel nach innen, spannen die Bauchmuskeln an und drehen Oberkörper, Arme und Kopf nach rechts. Mit dem Einatmen wieder zur Mitte zurückdrehen. Dann wieder tief ausatmen und dabei nach links drehen. Dehnen Sie die Wirbelsäule beim Drehen bewusst nach oben. Wiederholen Sie die Übung im Wechsel mindestens 3-mal.

TIPPS FÜR DIE PERFEKTE AUSFÜHRUNG

Führen Sie die Bewegung kontrolliert durch: Drehen Sie nicht zu weit und arbeiten Sie nie mit Schwung. Ziehen Sie die Schultern beim Drehen nicht hoch, und lassen Sie den Nacken leicht gedehnt.

Vorsicht: Führen Sie die Drehung nur aus der Taille aus – Gesäß und Hüften bleiben stabil und drehen sich nicht mit. Lassen Sie die Beine geschlossen. Spannen Sie Bein- und Bauchmuskeln beim Drehen unbedingt an. Bei Rückenproblemen sollten Sie auf die Übung verzichten. Für eine leichtere Variante können Sie die Beine leicht anwinkeln und die Füße aufstellen.

Single Leg Kick (Einfaches Fersenkicken)

WIRKUNG: Die Übung strafft den Po und dehnt die Beinbeuger. Sie verbessert die Flexibilität der unteren Wirbelsäule und trainiert den Oberkörper.

Legen Sie sich bequem auf den Bauch, die Stirn liegt auf dem Boden. Schließen Sie dann fest die Beine und legen die Hände unter den Schultern auf den Boden. Auch die Unterarme liegen auf dem Boden auf. Spannen Sie nun die Bauchmuskeln an und heben Sie Kopf und Oberkörper so weit, wie es Ihnen angenehm ist. Drücken Sie dazu mit Händen und Unterarmen fest auf den Boden. Achten Sie darauf, dass die Schultern nach unten und hinten gezogen werden. Pressen Sie die Beine zusammen und spannen Sie die Pomuskeln an – dann ausatmen und den linken Unterschenkel 2-mal nach oben »kicken«: Die Ferse wird dabei in Richtung Gesäß geschwungen. Einatmend das Bein wieder zum Boden führen und mit dem nächsten Ausatmen den rechten Unterschenkel 2-mal in Richtung Gesäß kicken. Wiederholen Sie die Übung wechselseitig jeweils mindestens 3-mal.

TIPPS FÜR DIE PERFEKTE AUSFÜHRUNG

Halten Sie während der ganzen Übung Ihr Powerhouse aufrecht. Gehen Sie nicht ins Hohlkreuz und lassen Sie den Nabel nach innen gezogen. Spannen Sie die Gesäßmuskeln immer schon an, bevor Sie mit der Ferse nach hinten schlagen. Die Hüften bleiben in der Mittelstellung, werden nicht verdreht und fest in Richtung Boden gepresst. Die Unterarme sollten parallel sein, ziehen Sie die Ellbogen notfalls etwas nach innen. Bei Knieproblemen sollten Sie nicht üben oder den Fersenkick ganz behutsam und wie in Zeitlupe ausführen.

Double Leg Kick (Doppeltes Fersenkicken)

 WIRKUNG:
Die Übung festigt Gesäß- und Beinmuskeln, dehnt die Schultermuskulatur und erhöht die Beweglichkeit des Rückens.

16

Legen Sie sich auf den Bauch, die Beine sind geschlossen. Drehen Sie den Kopf nach rechts, sodass die linke Wange den Boden berührt. Winkeln Sie die Arme an und legen Sie die Hände auf den unteren Rücken – die Handflächen liegen ineinander und zeigen nach oben. Spannen Sie nun die Bauch- und Gesäßmuskeln an und pressen Sie die Oberschenkel fest gegen den Boden. Dann einatmen und die Unterschenkel in dieser Stellung 3-mal in Richtung Gesäß kicken. Ausatmend legen Sie die Beine ab, drehen den Kopf zur Mitte, strecken die Arme nach hinten aus und heben Kopf und Brust ein Stück vom Boden – dabei die Beine und Füße nicht abheben. Beim Einatmen wieder entspannen, den Oberkörper ablegen, den Kopf in die andere Richtung drehen und wieder 3-mal kicken. Wiederholen Sie die Übung in jede Richtung noch 1- oder 2-mal.

FÜR DIE PERFEKTE AUSFÜHRUNG

Führen Sie die Kickbewegung nur mit den Unterschenkeln und Fersen aus: Oberschenkel und Becken bleiben fest auf dem Boden – der Po bleibt angespannt. Ziehen Sie die Schulterblätter beim Aufrichten des Oberkörpers nach unten und innen. Halten Sie während der ganzen Übung Ihr Powerhouse aktiviert – der Nabel ist dabei nach innen gezogen. Führen Sie alle Bewegungen langsam und fließend aus.

Verzichten Sie auf diese Übung, wenn Sie unter Kniebeschwerden leiden.

86 PILATES DIE PILATES-KLASSIKER

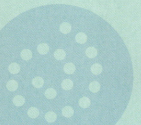

Swimming (Schwimmübung)

 WIRKUNG: Eine wunderbare Übung für den Rücken. Neben den Rückenmuskeln werden auch Beine und Po trainiert, und die Haltung verbessert sich.

17

Sie liegen auf dem Bauch – die Beine sind ausgestreckt, die Füße etwa schulterbreit auseinander. Legen Sie den Kopf auf die Stirn und strecken Sie die Arme nach vorne aus, die Handflächen berühren den Boden. Mit dem Ausatmen spannen Sie die Gesäßmuskeln an und ziehen den Nabel etwas nach innen. Heben Sie dann das rechte Bein und den linken Arm diagonal wenige Zentimeter vom Boden ab. Dabei wird auch der Kopf etwas gehoben, doch der Nacken bleibt gestreckt, und der Blick ist zum Boden gerichtet. Einatmend senken Sie rechtes Bein und linken Arm und wechseln die Seite, indem Sie jetzt das linke Bein und den rechten Arm ein Stückchen vom Boden abheben. Führen Sie die Bewegung wechselseitig mindestens 3-mal durch – Ihr Kopf bleibt dabei angehoben, die Bauchmuskeln gespannt. Dann entspannen und den ganzen Zyklus noch 1- bis 2-mal wiederholen.

FÜR DIE PERFEKTE AUSFÜHRUNG

Führen Sie die Übung bei Rückenbeschwerden sehr behutsam durch. Ohnehin sollten Sie immer nur sehr kleine Bewegungen machen und Beine und Arme nie zu weit heben. Vermeiden Sie außerdem ruckartige, hektische Bewegungen und lassen Sie Bauch- und Pomuskeln angespannt. Achten Sie darauf, den Kopf nicht in den Nacken zu legen. Arme und Beine werden nur leicht geöffnet und bleiben beim Heben und Senken immer auf der diagonalen Linie. Entspannen Sie nach der Übung kurz in der »Rest Position« (siehe Seite 94).

Swan easy (Der Schwan – einfache Variante)

WIRKUNG: Die Übung stärkt die unteren und oberen Rückenmuskeln, verbessert die Körperwahrnehmung und macht die Wirbelsäule beweglich.

18

Legen Sie sich auf den Bauch, strecken Sie die geschlossenen Beine aus und legen Sie den Kopf auf die Stirn. Die Arme liegen entspannt neben dem Körper, die Handflächen zeigen nach oben. Aktivieren Sie Ihr Powerhouse, indem Sie die Bauch- und Gesäßmuskeln anspannen. Mit dem Ausatmen heben Sie gleichzeitig die Beine sowie Stirn und Schultern ein Stück vom Boden ab. Gleichzeitig drehen Sie die Arme zum Körper, sodass die Handflächen zum Boden zeigen – auch die gestreckten Arme werden einige Zentimeter angehoben. Mit dem nächsten Einatmen entspannen Sie den Körper wieder und lassen Beine und Stirn zum Boden zurücksinken. Dann erneut ausatmen und in die »Schwanstellung« kommen, indem Sie gleichzeitig Füße, Beine und Arme sowie Stirn und Schultern ein wenig vom Boden abheben. Wiederholen Sie dies insgesamt mindestens 5-mal.

FÜR DIE PERFEKTE AUSFÜHRUNG

Gehen Sie bei der Übung nicht ins Hohlkreuz – es ist wichtig, dass Sie Beine, Kopf und Schultern nur ein ganz kleines Stückchen vom Boden abheben. Legen Sie den Kopf nicht in den Nacken – der Nacken bleibt gedehnt und der Kopf in der Verlängerung der Wirbelsäule. Führen Sie die Bewegung langsam und kontrolliert durch – ausatmend anspannen, einatmend entspannen. Bei Rückenproblemen sollten Sie besonders vorsichtig sein und im Zweifelsfall auf die Übung verzichten. Entspannen Sie anschließend in der »Rest Position« (siehe Seite 94).

Side Kicks (Seitliches Beinpendeln)

 WIRKUNG: Die Übung entwickelt den Gleichgewichtssinn, verbessert die Haltung, erhöht die Stabilität des Körpers und trainiert die Oberschenkel.

19

Legen Sie sich auf die linke Seite. Stabilisieren Sie die Haltung in der Seitenlage, indem Sie Ihren rechten Arm vor dem Körper abwinkeln und die Handfläche auf Brusthöhe in den Boden drücken. Der linke Arm ist ausgestreckt, die linke Handfläche zeigt nach unten, und der Kopf liegt locker auf dem Oberarm. Winkeln Sie das linke Bein im 90-Grad-Winkel ab, das rechte bleibt gestreckt. Mit dem Ausatmen aktivieren Sie Ihr Powerhouse und spannen Bauch und Po an. Heben Sie das obere, rechte Bein bis auf Hüfthöhe. Mit dem Einatmen pendeln Sie das Bein gestreckt nach vorne, beim Ausatmen wieder zurück zur Mitte – das Bein bleibt dabei stets parallel zum Boden, die Zehen sind gestreckt. Wiederholen Sie das Vor- und Zurückpendeln 5-mal. Wechseln Sie dann die Körperseite und führen Sie die Übung auch mit dem anderen Bein durch.

FÜR DIE PERFEKTE AUSFÜHRUNG

Achten Sie auf eine harmonische, sichere Seitenlage: Der ausgestreckte Arm, Kopf, Nacken und Rücken bilden eine gerade Linie. Das untere, angewinkelte Bein und die vordere Hand drücken gegen den Boden. Ziehen Sie die Schultern nicht nach oben. Die Hüften bleiben während der ganzen Übung übereinander und dürfen nicht gekippt werden. Führen Sie die Bewegungen mit dem jeweils aktiven Bein langsam und kontrolliert durch und bewahren Sie die Spannung im Bauch- und Beckenraum. Heben Sie das Spielbein nie zu weit nach oben – es sollte sich nur knapp über dem unteren Bein befinden.

Roll down II (Abrollen im Stehen)

 WIRKUNG:
Die Übung erhöht die Gelenkigkeit von Rücken und Wirbelsäule und verbessert das Gefühl für eine harmonische, aufrechte Körperhaltung.

Für die nächste Übung stellen Sie sich so an eine Wand, dass Ihre Füße rund 30 Zentimeter von ihr entfernt sind und Sie den Rücken bequem anlehnen können. Die Füße stehen parallel und hüftbreit auseinander; die Knie bleiben leicht gebeugt. Stehen Sie möglichst aufrecht. Einatmend dehnen Sie den Nacken und machen die ganze Wirbelsäule lang. Dann ausatmen, den Nabel nach innen ziehen, die Bauchmuskeln anspannen und den Oberkörper langsam abrollen. Zuerst löst sich der Kopf von der Wand und rollt in Richtung Brust. Dann den Rücken von oben Wirbel für Wirbel abrollen – dabei können Sie die Knie etwas mehr beugen. In der Zielposition hängen Kopf und Arme ganz locker – die Arme einfach baumeln lassen. Unten einatmen, mit dem nächsten Ausatmen die Bauchmuskeln bewusst anspannen und den Rücken Wirbel für Wirbel langsam aufrollen – der Kopf wird zuletzt gehoben. Mindestens 3-mal wiederholen.

FÜR DIE PERFEKTE AUSFÜHRUNG

In der Ausgangsstellung sollten die Schulterblätter nach unten und innen gezogen werden. Lassen Sie bei der Abrollbewegung einfach das Gewicht des Kopfes wirken. In der Zielposition berührt nur noch das Gesäß die Wand – doch wenn Sie anfangs noch nicht gelenkig genug sind, sollten Sie einfach nur den oberen Rücken von der Wand abrollen – Hauptsache, Sie üben schmerzfrei, die Beweglichkeit kommt mit der Zeit von selbst. Wichtig ist, die Bewegung ganz langsam, wie in Zeitlupe, auszuführen.

Rest Position (Ruhestellung)

 WIRKUNG:
Die Position führt zu einer sanften Dehnung des gesamten Rückens und entspannt Körper und Seele. Sie sollten sie auch zwischendurch einmal einnehmen, um nach anstrengenden Übungen für Ausgleich zu sorgen.

 21

Aus dem Vierfüßlerstand setzen Sie sich langsam auf die Fersen – die Knie sind dabei etwas geöffnet, während sich die Zehen berühren. Rollen Sie die Wirbelsäule langsam nach unten ab und legen Sie den Oberkörper zwischen den Oberschenkeln ab. Die Arme legen Sie angewinkelt und entspannt nach vorne, die Handflächen zeigen nach unten, die Hände liegen aufeinander. Senken Sie den Kopf, bis Sie die Stirn auf den Handrücken ablegen können. Atmen Sie in der Endhaltung tief in Rücken und Flanken. Spüren Sie, wie Ihre Wirbelsäule sich sanft dehnt, und lassen Sie alle Anspannungen bewusst los. Bleiben Sie etwa zwei Minuten in dieser Haltung. Um sie aufzulösen, aktivieren Sie Ihr Powerhouse und rollen den Rücken langsam Wirbel für Wirbel auf. Der Kopf bleibt passiv hängen und wird erst zum Schluss wieder gehoben.

FÜR DIE PERFEKTE AUSFÜHRUNG

Falls die Ausgangsposition (der Fersensitz) Ihnen Probleme macht, können Sie ein kleines Kissen zwischen Füße und Po legen. Verzichten Sie bei akuten Knieproblemen auf die Übung und führen Sie stattdessen die »Relaxation Position« (siehe Seite 46) durch. In der Zielposition zeigen die Ellbogen nach außen, die Unterarme liegen flach auf dem Boden auf. Achten Sie darauf, während der Übung entspannt und tief zu atmen. Entspannen Sie auch mental, indem Sie ganz bei den Körperempfindungen bleiben (und alle Alltagssorgen loslassen).

KAPITEL 4:
Das Topfit-Programm für Fortgeschrittene

Die folgenden Übungen sind sehr anspruchsvoll und eignen sich daher nicht für Anfänger. Allerdings werden aus Anfängern natürlich irgendwann einmal Fortgeschrittene – und das kann gerade bei Pilates mitunter recht schnell gehen. Wenn Sie Ihr Training stufenweise aufbauen können Sie schon nach etwa drei Monaten mit den schwierigen Pilates-Techniken beginnen, sofern Sie keine Rückenprobleme haben. Die acht Übungen des »Topfit-Programms« sorgen dafür, dass Sie auch bei guter Fitness noch genügend Trainingsreize erhalten, um noch etwas mehr für Ihre Figur, Haltung, Kraft und Flexibilität zu tun. Achten Sie jedoch auch bei schwierigen Übungen unbedingt auf die konzentrierte, präzise und fließende Ausführung. Sie können die folgenden Übungen in der angegebenen Reihenfolge als festes Programm durchführen oder einzelne Übungen auswählen, um Abwechslung in Ihr Standardprogramm zu bringen und die Intensität zu erhöhen.

Criss Cross (Bauchübung überkreuz)

 WIRKUNG: Dies ist eine äußerst wirkungsvolle Übung für die Bauchmuskeln. Alle Muskeln rund um die Lendenwirbelsäule werden gestärkt, und das Powerhouse wird stabilisiert.

Legen Sie sich auf den Rücken, ziehen Sie die Beine Richtung Brust und verschränken Sie die Hände hinter dem Kopf. Die Knie zeigen jetzt zur Decke, die Beine sind angewinkelt und geschlossen. Mit dem Ausatmen heben Sie Kopf und Schultern etwas vom Boden ab, drehen den Oberkörper diagonal nach links und strecken gleichzeitig das rechte Bein gerade nach vorne aus. Führen Sie den rechten Ellbogen in Richtung linkes Knie – die Position kurz halten. Einatmend die Seite wechseln: Ziehen Sie dazu das rechte Knie an die Brust und strecken Sie das linke aus. Zugleich versuchen Sie, den linken Ellbogen in Richtung rechtes Knie zu bringen – wieder kurz halten. Führen Sie die langsamen, fließenden Bewegungen mindestens 5-mal in beide Richtungen aus.

FÜR DIE PERFEKTE AUSFÜHRUNG

Die Ellbogen bleiben geöffnet – die Kraft sollte aus dem Bauch und dem Becken kommen –; ziehen Sie Ihren Kopf nicht mit den Armen hoch. Das Kinn zeigt zur Brust. Achten Sie darauf, dass die Schultern nicht hochgezogen werden und dass die Bewegung weniger aus dem Schultergelenk als vielmehr aus den Schulterblättern kommt. Ihr Powerhouse muss während der gesamten Übung aktiv bleiben – der Bauch bleibt angespannt, das Becken immer fest auf dem Boden. Das jeweils ausgestreckte Bein zeigt etwa im 45-Grad-Winkel nach oben. Bei Rückenproblemen sollten Sie auf die Übung verzichten.

Roll Up (Aufrollen)

WIRKUNG:
Die Übung trainiert den ganzen Körper, erhöht die Beweglichkeit der Wirbelsäule und verbessert die Kontrolle der Körperhaltung.

Aus der Rückenlage strecken Sie die Arme nach oben aus – es macht nichts, wenn die Arme den Boden nicht berühren, doch achten Sie darauf, dass die Arme gedehnt und etwa schulterbreit auseinander sind. Drücken Sie dann die Beine fest zusammen, die Füße sind angezogen, und die Zehen zeigen nach oben. Einatmend heben Sie die Arme senkrecht nach oben, die Fingerspitzen zeigen in Richtung Decke. Ziehen Sie das Kinn zur Brust, aktivieren Sie Ihr Powerhouse und heben Sie die Schultern ein Stück vom Boden ab. Mit dem Ausatmen rollen Sie den Oberkörper Wirbel für Wirbel nach vorne, bis der ganze Rücken rund ist – die Fingerspitzen zeigen nach vorne, der Blick geht zu den Oberschenkeln. Einatmend rollen Sie die Wirbelsäule langsam so weit ab, bis Sie wieder flach auf dem Rücken liegen. Abschließend heben Sie die Arme wieder nach hinten über den Kopf. Wiederholen Sie diesen Zyklus mindestens 5-mal.

FÜR DIE PERFEKTE AUSFÜHRUNG

Für diese Übung brauchen Sie schon gut entwickelte Bauchmuskeln. Nur wenn Bauch- und Beckenmuskeln während der ganzen Übung angespannt und die Beine zusammengepresst bleiben, können Sie Rücken-schonend üben. In der Endstellung wird der Bauchnabel nach innen gegen die Wirbelsäule gezogen. Führen Sie die Bewegung langsam und rund aus und vermeiden Sie es unbedingt, ein Hohlkreuz zu machen. Bei Rückenproblemen sollten Sie die Übung nicht ins Programm nehmen.

The Hundred (»Die Hundert«)

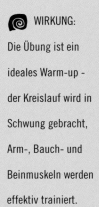

WIRKUNG:
Die Übung ist ein ideales Warm-up – der Kreislauf wird in Schwung gebracht, Arm-, Bauch- und Beinmuskeln werden effektiv trainiert.

Dies ist die etwas schwerere Variante zur Übung »The Hundred easy« (siehe Seite 78). Auf dem Rücken liegend atmen Sie aus, spannen die Bauchmuskeln an und ziehen die Knie in Richtung Brust. Dann die Beine senkrecht nach oben strecken und Kopf, Schultern und Arme vom Boden abheben. Senken Sie die gestreckten Beine dann noch einige Zentimeter ab – das erhöht die Intensität. Mit dem Ausatmen führen Sie mit gestreckten Armen kleine, schnelle Pumpbewegungen durch – dabei die Arme je 5-mal auf und ab federn. Beim Einatmen die Arme weiterbewegen – wieder 5-mal auf und ab. Wiederholen Sie diesen Zyklus, bis Sie insgesamt hundert Pumpbewegungen mit den Armen durchgeführt haben. Abschließend Beine und Kopf ablegen und entspannen.

FÜR DIE PERFEKTE AUSFÜHRUNG

Die Arme bleiben nahe am Körper und sind immer durchgestreckt – die Handflächen zeigen nach unten, die Finger nach vorne. Heben Sie die Arme nie höher als etwa 20 Zentimeter über den Boden. Die Pumpbewegungen sollten aus den Schultern kommen. Achten Sie darauf, die Schulterblätter nach unten zu ziehen, und lassen Sie die Bauch- und Beckenbodenmuskulatur während der Übung angespannt. Die Beine sind kräftig durchgestreckt, die Fersen werden zusammengedrückt, und die Zehen zeigen nach oben. Optimal wäre es, wenn die Beine in der Endstellung schräg nach vorne zeigten (45-Grad-Winkel).

Roll Over (Gestrecktes Rückenrollen)

 WIRKUNG: Die ganze Wirbelsäule wird angeregt und der Rücken kräftig massiert. Die Übung löst Verspannungen und strafft nebenbei noch den Bauch.

Auf dem Rücken liegend legen Sie die Arme flach neben den Körper, die Handflächen berühren den Boden. Ziehen Sie erst das eine, dann das andere Bein an und strecken Sie beide Beine senkrecht nach oben. Mit dem nächsten Ausatmen ziehen Sie den Nabel nach innen und aktivieren Ihr Powerhouse: Drücken Sie mit den Händen gegen den Boden, heben Sie das Becken ab und führen Sie die gestreckten Beine über den Kopf. Dabei die Wirbelsäule langsam nach hinten rollen. In der Zielstellung sollten die Beine parallel zum Boden gehalten werden. Einatmend die Beine ein wenig spreizen und mit dem Ausatmen den Rücken Wirbel für Wirbel wieder abwärts rollen – dabei die Spannung im Bauch halten. Wenn der Po wieder auf dem Boden liegt, schließen Sie die Beine und senken sie etwas ab (45-Grad-Winkel). Dann die Beine wieder senkrecht nach oben strecken und die Übung 5-mal wiederholen.

FÜR DIE PERFEKTE AUSFÜHRUNG

Anfangs sind die Beine fest zusammengepresst – sie öffnen sich erst mit der Rollbewegung und werden am Ende jedes Zyklus wieder geschlossen. Lassen Sie die Beine beim Rollen dicht am Körper.

Schultern und Nacken sind entspannt, der Kopf bleibt die ganze Zeit auf dem Boden liegen. Unterstützen Sie die Abrollbewegung, indem Sie mit den Armen nach unten drücken. Setzen Sie die Füße hinter dem

Kopf nie ab und verzichten Sie bei Rückenproblemen ganz auf diese Übung.

The Saw (Die Säge)

WIRKUNG: Diese Übung ist eine gute Stretchingtechnik für die Rückenmuskeln und die Beinrückseite. Durch die tiefe Atmung verbessert sich die Sauerstoffzufuhr.

Im Sitzen spreizen Sie die Beine ein wenig – die Füße sind schulterbreit auseinander und die Zehen werden angezogen. Sitzen Sie so aufrecht wie möglich, dehnen Sie den Nacken und lassen Sie die Wirbelsäule »lang werden«. Heben Sie die Arme seitlich in die Waagrechte, die Handflächen zeigen nach unten. Mit dem Einatmen drehen Sie den Oberkörper von der Taille aus nach links, ohne das Becken dabei zu verdrehen. Die Arme machen die Drehung mit. Dann tief ausatmen, den Nabel nach innen ziehen, die Bauchmuskeln anspannen und den Oberkörper langsam diagonal nach vorne beugen – dabei führen Sie die rechte Handkante in Richtung des linken kleinen Zehs – der Rücken wird rund. Mit dem Einatmen den Oberkörper aufrichten und wieder zur Mitte zurückdrehen – die Arme bleiben waagrecht. Mit dem nächsten Ausatmen wechseln Sie die Seite. Wiederholen Sie die Übung im Wechsel mindestens 3-mal.

FÜR DIE PERFEKTE AUSFÜHRUNG

Führen Sie die Bewegung langsam und kontrolliert durch und arbeiten Sie nie mit Schwung. Die Drehung nur aus der Taille ausführen – Gesäß und Hüften bleiben stabil, die Bein- und Bauchmuskeln angespannt. Die Arme bleiben immer auf einer Linie: Wird der rechte Arm nach vorne gestreckt, zeigt der andere waagrecht nach hinten und umgekehrt. Indem Sie die Knie leicht anwinkeln, können Sie die Übung vereinfachen. Bei Rückenschmerzen sollten Sie auf diese Übung lieber verzichten!

Diamond Press (Diamanten-Presse)

WIRKUNG: Die Übung weitet die Brust, gleicht Haltungsfehler aus und trainiert Po, Beine und die unteren Rückenmuskeln.

Sie liegen mit geschlossenen Beinen auf dem Bauch, die Hände liegen auf dem Boden und bilden ein Dreieck, die Ellbogen zeigen nach außen – Hände und Arme bilden dabei die Form eines Diamanten. Legen Sie die Stirn auf die Hände. Mit dem Ausatmen aktivieren Sie Ihr Powerhouse und spannen die Bauchmuskeln an. Gleichzeitig heben Sie Kopf und Oberkörper langsam vom Boden ab. Je nach Dehngrenze können Sie die Unterarme dabei auf dem Boden lassen oder vom Boden abheben. Schauen Sie nach vorne und atmen Sie tief ein. Mit dem nächsten Ausatmen heben Sie beide Unterschenkel vom Boden ab, jedoch nur so weit, wie es Ihnen schmerzfrei möglich ist – die Bauch- und Pomuskeln bleiben dabei fest angespannt. Die Spannung kurz halten, dann einatmend die Beine ablegen und den Oberkörper langsam senken, bis die Stirn wieder auf den Händen liegt. Wiederholen Sie die Übung insgesamt 3-mal.

FÜR DIE PERFEKTE AUSFÜHRUNG

Heben Sie den Oberkörper anfangs nicht zu weit – es genügt schon ein kleines Stück. Der Kopf schaut in der Zielstellung nach vorne, darf aber nicht in den Nacken gelegt werden. Falls Sie sehr flexibel sind, können Sie die Arme durchstrecken, ansonsten bleiben die Unterarme zunächst in Bodenkontakt. Die Schultern bleiben unten und werden nicht hochgezogen. Führen Sie die Aufwärts- und Abwärtsbewegung langsam und fließend aus. Bei Bandscheibenproblemen verzichten Sie auf diese Übung.

Side Bend (Seitbeuge)

 WIRKUNG: Die Übung trainiert Brust, Schulter und Arme, stabilisiert die ganze Rumpfmuskulatur und entwickelt das Gleichgewicht.

Vom Fersensitz aus setzen Sie sich rechts neben Ihre Beine und stützen sich mit der rechten Hand auf dem Boden ab – die Finger zeigen nach außen. Die linke Hand liegt entspannt auf dem linken Oberschenkel. Aktivieren Sie Ihr Powerhouse – dazu die Bauchmuskeln anspannen und den Nabel etwas nach innen ziehen. Führen Sie dann den linken Arm in einer runden Bewegung über den Kopf. Mit dem Einatmen verlagern Sie das Gewicht auf die rechte Hand und heben das Becken vom Boden ab. Strecken Sie zuerst das linke, dann das rechte Bein zur Seite. Gleichzeitig strecken Sie den linken Arm über den Kopf. In der Zielstellung ruht das Gewicht nur auf der rechte Hand und den Füßen – Beine, Rumpf und linker Arm bilden eine Linie. Ausatmend bringen Sie das Gesäß nach unten und lassen den Arm wieder in die Ausgangsstellung sinken. Wiederholen Sie die Übung auf jeder Seite mindestens 3-mal.

FÜR DIE PERFEKTE AUSFÜHRUNG

In der Zielstellung wird der ganze Körper in die Länge gedehnt – Beine, Becken, Oberkörper und oberer Arm bilden eine schräge Linie, die Blickrichtung geht nach vorne. Der Kopf darf nicht in den Nacken gelegt werden, sondern bleibt in der natürlichen Mittelstellung. In der schrägen Lage steht der Fuß des äußeren Beines knapp vor dem Fuß des inneren. Anfangs genügt es, die Zielstellung nur wenige Sekunden zu halten. Später können Sie länger in dieser Haltung bleiben. Bei Problemen mit dem Handgelenk oder Schulterbeschwerden sollten Sie die Übung meiden.

Push Ups (Liegestützen)

WIRKUNG: Die sehr anspruchsvolle Übung strafft den ganzen Körper und sorgt für einen deutlichen Kraftzuwachs in Schultern, Brust und Armen.

Stehen Sie aufrecht – die Beine sind geschlossen, die Zehen zeigen gerade nach vorne. Ziehen Sie den Bauchnabel nach innen, gehen Sie etwas in die Knie und beugen Sie den Oberkörper – dabei zunächst den Kopf und dann jeden einzelnen Wirbel langsam abrollen. Legen Sie die Hände flach auf den Boden – die Finger zeigen nach vorne. Machen Sie dann erst mit dem einen, dann mit dem anderen Fuß einen großen Schritt nach hinten, um in die Liegestütze zu kommen. Einatmend die Arme beugen und die Ellbogen an den Körper ziehen, dabei sollten Beine, Gesäß, Rücken und Nacken waagrecht und gedehnt bleiben. Ausatmend die Arme wieder durchstrecken. Mit dem Einatmen dann erst einen, dann den anderen Fuß mit einem großen Schritt nach vorne in die Ausgangsstellung zurückholen. Ausatmend den Oberkörper Wirbel für Wirbel wieder aufrollen. Wiederholen Sie das Ganze mindestens 3-mal.

FÜR DIE PERFEKTE AUSFÜHRUNG

Sowohl beim Abrollen als auch in der Liegestütz-Stellung werden Bauch-, Gesäß- und Beckenbodenmuskulatur angespannt. Der Rücken bleibt gerade (nicht ins Hohlkreuz gehen!). Die Schultern werden bewusst nach unten gezogen. Achten Sie darauf, dass die Hände genau unter den Schultern liegen; die Beine sind gestreckt und fest geschlossen und die Zehen angezogen. Führen Sie alle Bewegungen kontrolliert und fließend durch. Bei Problemen mit den Schultern oder Handgelenken verzichten Sie besser auf die Übung.

KAPITEL 5: Mit Pilates gegen Rückenschmerzen

Falls Sie unter Rückenschmerzen, verspannten Schultern oder einem steifen Nacken leiden, sind Sie nicht allein: In Deutschland leiden etwa 80 Prozent der Erwachsenen an Rücken- oder Schulterschmerzen. Pilates ist ideal, um Rückenproblemen vorzubeugen, da die sanften Übungen genau jene Muskeln aufbauen, die den Rücken stützen und die Haltung verbessern. Darüber hinaus können Sie Muskelverspannungen in Schultern, Nacken und Rücken durch die Bewegungen gezielt lockern. Stress und psychische Belastungen sind bekanntlich Gift für den Rücken. In diesem Kapitel finden Sie speziell ausgewählte Übungen, die Körper und Seele entspannen und dem Schmerz samt Ursachen entgegenwirken. Die folgende Übungsreihe eignet sich gut, um Ihrem Rücken zwischendurch einmal etwas Gutes zu tun, beispielsweise nach langem Sitzen. Führen Sie die beschriebenen Techniken in aller Ruhe aus. Atmen Sie tief durch und achten Sie auf langsame, fließende Bewegungen.

Floating Arms (Schwebende Arme)

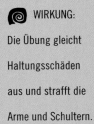 **WIRKUNG:** Die Übung gleicht Haltungsschäden aus und strafft die Arme und Schultern.

Stehen Sie aufrecht – die Füße sind hüftbreit auseinander, die Zehen zeigen nach vorne. Dehnen Sie bewusst die Wirbelsäule und machen Sie den Nacken lang – dabei zeigt das Kinn leicht zur Brust. Die Arme hängen entspannt neben dem Körper, auch die Schultern sind entspannt. Vorbereitend einatmen, dann mit dem Ausatmen die Bauchmuskeln anspannen und die Arme langsam seitlich im großen Bogen bis über den Kopf heben. Die Hände drehen sich dabei nach oben. In der Zielstellung sollten die Handflächen zueinander zeigen – so, als würden sie einen großen Ball umfassen. Halten Sie den Rücken gerade und lassen Sie die Brust bewusst weit werden. Tief einatmen und dann die Arme wieder langsam absenken. Wiederholen Sie diese Bewegung mindestens 5-mal.

FÜR DIE PERFEKTE AUSFÜHRUNG

Achten Sie darauf, dass Sie die Schultern beim Heben der Arme nicht hochziehen – sie sollten ganz entspannt bleiben und bewusst unten gehalten werden. Die Bewegung kommt aus den Muskeln unterhalb der Schulterblätter – nur die Arme bewegen sich. Öffnen Sie die Arme fließend und mit Leichtigkeit, so als hätten Sie Flügel, die Sie ausbreiten und wieder zusammenfalten wollen. Der Schwerpunkt bleibt während der Übung im Bauch- und Beckenraum, das Gewicht sollte auf beiden Füßen gleich verteilt sein. Vermeiden Sie es, ins Hohlkreuz zu gehen: Die Wirbelsäule bleibt gedehnt.

Raisers (Große Armkreise)

WIRKUNG:
Die Übung erhöht die Beweglichkeit im Schultergürtel, strafft Arme und Rücken und dehnt die Brust.

Für die Übung benötigen Sie ein Stretch- oder Tera®-Band – zur Not können Sie auch einen Schal benutzen. Stehen Sie aufrecht – die Füße sind hüftbreit auseinander, die Zehen zeigen nach vorne. Halten Sie das Band (oder den Schal) von oben mit beiden Händen – die Hände sind etwas mehr als schulterbreit auseinander. Dehnen Sie Wirbelsäule und Nacken und lassen Sie die Schultern entspannt. Vorbereitend einatmen, dann mit dem Ausatmen die Bauchmuskeln anspannen und die Arme vor dem Körper bis über den Kopf heben. Mit dem Einatmen führen Sie die Bewegung einfach noch weiter, winkeln die Ellbogen an und ziehen das Band hinter den Kopf – der Kopf bleibt dabei aufrecht, der Nacken gestreckt. Ausatmend wird das gedehnte Band wieder über den Kopf und zurück nach unten geführt. Wiederholen Sie diese Bewegung mindestens 8-mal.

FÜR DIE PERFEKTE AUSFÜHRUNG

Die Arme werden auch in der Ausgangsstellung nicht ganz durchgestreckt. Vermeiden Sie es unbedingt, die Schultern beim Heben der Arme hochzuziehen – sie sollten immer ganz entspannt bleiben.

In der Endstellung wird die Brust weit gedehnt, der Rücken bleibt jedoch gerade, und Sie sollten nicht ins Hohlkreuz kommen. Das Gewicht ruht gut verteilt auf beiden Füßen, das Powerhouse bleibt aktiviert. Führen Sie die Armbewegungen langsam und rund aus und achten Sie auf Ihre persönliche Dehngrenze.

Neck Rolls II (Nackenübungen)

 WIRKUNG: Die Nacken- und oberen Rückenmuskeln werden gelockert und zugleich gestärkt. Eine gute Ausgleichübung für alle, die viel sitzen.

Legen Sie sich auf den Bauch – die Beine sind geschlossen, die Füße ausgestreckt. Die Stirn berührt den Boden, ebenso die Hände, die unter die Schultern gesetzt werden. Atmen Sie zunächst tief ein und spannen Sie Bauch- und Beckenbodenmuskulatur an, um Ihr Powerhouse zu aktivieren. Mit dem Ausatmen heben Sie Kopf und Oberkörper langsam ein Stück vom Boden ab – die Kraft kommt dabei nur aus den Rücken- und Bauchmuskeln. In der Zielposition einatmen. Dann mit dem Ausatmen den Kopf langsam nach rechts drehen – nur so weit, wie es für Sie angenehm ist. Einatmend wieder zur Mitte kommen und mit dem nächsten Ausatmen den Kopf nach links drehen. Wiederholen Sie das Kopfdrehen 3-mal in jede Richtung und legen Sie den Oberkörper und Kopf dann wieder entspannt ab.

FÜR DIE PERFEKTE AUSFÜHRUNG

Die Beine sollten während der Übung fest aneinander gedrückt werden. Achten Sie darauf, die Schultern nicht hochzuziehen, sondern bewusst unten zu lassen. Legen Sie den Kopf keinesfalls in den Nacken, sondern ziehen Sie das Kinn im Gegenteil tendenziell eher nach unten. Falls Sie die Endstellung nicht lange halten können, legen Sie den Körper zwischendurch ab und wiederholen die Übung dann noch einmal.

Beim Aufrichten des Oberkörpers sollte die Kraft aus dem Bauch und dem Rücken kommen, die Arme werden nicht aufgestemmt. Die Ellbogen bleiben während der Übung immer dicht am Körper.

Small Arches (Kleine Bögen)

 WIRKUNG: Diese Übung ist gut gegen einen »krummen Rücken«. Die Haltung wird verbessert, die Rückenmuskulatur gestärkt, und die Schultern werden gelockert.

Sie liegen auf dem Bauch, die Stirn in der Mitte – wenn Sie möchten, können Sie ein kleines Kissen unterlegen. Die Beine sind leicht geöffnet, die Füße ausgestreckt. Legen Sie die Hände direkt neben die Schultern, die Ellbogen werden nahe an den Körper gezogen, und die Unterarme liegen flach auf dem Boden. Mit dem Ausatmen aktivieren Sie Ihr Powerhouse und ziehen den Nabel nach innen. Mit dem Einatmen dehnen Sie den Nacken, verlängern den Hals und ziehen den Kopf erst nach vorne, bevor Sie ihn nach oben heben: dazu die Stirn vom Boden lösen und den Blick langsam vom Boden nach vorne bis zur gegenüber liegenden Wand wandern lassen. Heben Sie die Brust etwas vom Boden ab, ohne die Schultern hochzuziehen. In der Zielposition einatmen und den Oberkörper dann wieder Wirbel für Wirbel ablegen, bis die Stirn auf dem Boden liegt. Wiederholen Sie die Übung mindestens 5-mal.

FÜR DIE PERFEKTE AUSFÜHRUNG

In der Ausgangsstellung ist der Nacken gedehnt, und die Schulterblätter werden nach innen und unten gezogen. Hüften, Becken und Beine bleiben während der ganzen Übung stabil und werden nicht bewegt.

Beim Aufrichten Kopf und Oberkörper immer erst nach vorne und dann erst aufwärts bewegen. Heben Sie den Oberkörper nicht zu weit – die Rippen sollten noch in Bodenkontakt bleiben, und der Kopf darf keinesfalls in den Nacken gelegt werden. Führen Sie die Bewegungen weich und fließend aus und synchronisieren Sie sie mit der Atmung.

PILATES — MIT PILATES GEGEN RÜCKENSCHMERZEN

Cat and Dog (Katze und Hund)

 WIRKUNG:
Die Übung erhöht die Beweglichkeit der Wirbelsäule, verbessert die Haltung und vertieft die Atmung.

Gehen Sie in den Vierfüßlerstand: Die Hände sind dabei unter den Schultern, die Knie unter den Beckenknochen, und der Nacken ist gedehnt, sodass der ganze Rücken eine gerade Fläche bildet. Aktivieren Sie Ihr Powerhouse, spannen Sie die Bauchmuskeln leicht an und ziehen Sie den Nabel etwas ein. Mit dem Ausatmen machen Sie einen Katzenbuckel – dabei ziehen Sie den Kopf ein und bringen das Kinn in Richtung Brust, bis der ganze Rücken rund ist. Dann einatmen und den Rücken über die Waagerechte in die andere Richtung dehnen: Der Kopf kommt nach oben, das Becken wird nach hinten gekippt, und Sie kommen leicht ins Hohlkreuz, ohne zu übertreiben. Versuchen Sie, auch den Bereich zwischen den Schultern nach unten durchzuwölben. Wechseln Sie mindestens 5-mal zwischen der Katzen- und Hundehaltung hin und her.

FÜR DIE PERFEKTE AUSFÜHRUNG

Achten Sie beim Vierfüßlerstand darauf, dass die Hände genau unter den Schultern und die Ellbogen leicht gebeugt sind – das Gewicht ist gleichmäßig auf Händen und Beinen verteilt. Beim Katzenbuckel bildet der ganze Rücken einen Bogen – das Becken wird eingerollt. Beim Hund sollte die Wirbelsäule einen leichten C-Bogen nach unten bilden, doch gehen Sie nicht zu weit ins Hohlkreuz und heben Sie den Kopf nur so weit, dass der Blick nach vorne geht. Wechseln Sie die Haltungen mit langsamen, fließenden Bewegungen und atmen Sie dabei tief durch. Halten Sie die Grundspannung in Bauch und Becken aufrecht.

Shoulder Drops with Twist
(Schulterentspannung II)

 WIRKUNG: Die Schultern werden gedehnt und gelockert, Spannungen im oberen Rücken werden abgebaut.

Sie liegen auf dem Rücken in der Entspannungshaltung: Die Füße sind dabei aufgestellt und die Beine angewinkelt. Heben Sie beide Arme nach oben – die Handflächen sollten dabei zueinander gedreht sein, und die Fingerspitzen zeigen zur Decke. Im Gegensatz zu den einfachen »Shoulder Drops« (siehe Seite 50) werden die Arme jetzt über Kreuz gestreckt. Ausatmend heben Sie die linke Schulter ein Stück vom Boden ab, gleichzeitig strecken Sie den linken Arm diagonal nach oben – die linke Hand wird bis über die rechte Schulter geführt, und der Kopf dreht sich locker mit. Halten Sie die Dehnung kurz, dann einatmen und das ganze Schulterblatt wieder entspannt fallen lassen. Führen Sie die Übung dann mit der anderen Seite aus – den rechten Arm über Kreuz nach oben und links führen und dann wieder entspannen. Wiederholen Sie die Übung abwechselnd mit beiden Seiten je 10-mal.

FÜR DIE PERFEKTE AUSFÜHRUNG

Ziehen Sie die Schultern während der Übung nicht nach oben zu den Ohren und achten Sie darauf, dass die Arme wirklich senkrecht nach oben gestreckt sind. Behalten Sie die Grundspannung im Bauch- und Beckenbereich (Powerhouse) während der ganzen Übung bei: Wenn Sie die Schulter heben, bleibt das Becken dabei stabil in der Mittelstellung. Achten Sie darauf, die Bewegung nur aus den Schultern auszuführen und den Kopf einfach entspannt mitdrehen zu lassen. Führen Sie die Arm- und Schulterbewegungen weich und fließend aus.

Rolling like a Ball (Rückenrollen)

Wirkung: Die Übung massiert den ganzen Rücken und löst Verspannungen – die Durchblutung im Rücken wird verbessert und der ganze Körper gelockert.

Sitzend ziehen Sie die Beine an und verschränken die Hände unter den Oberschenkeln etwas oberhalb der Kniekehlen – die Arme bleiben während der Übung rund, und die Ellbogen zeigen nach außen. Heben Sie die Füße etwas vom Boden ab, sodass nur noch die Zehen in Bodenkontakt sind. Mit dem Ausatmen ziehen Sie den Bauchnabel leicht nach innen, führen das Kinn zur Brust und machen den Rücken ganz rund. Einatmend lassen Sie sich wie ein Ball nach hinten rollen. Rollen Sie den Oberkörper so weit nach hinten, dass nur noch der obere Rücken und die Schultern Bodenkontakt haben – Kopf und Nacken sollten den Boden jedoch nicht berühren. Mit dem Ausatmen rollen Sie wieder nach vorne in die Ausgangsstellung. Wiederholen Sie die fließende Rollbewegung 10-mal. Legen Sie sich anschließend kurz auf den Rücken und schließen Sie Ihr Rückenprogramm dann mit der »Rest Position« ab (siehe Seite 94).

FÜR DIE PERFEKTE AUSFÜHRUNG

Damit Sie möglichst weich und rund rollen können, sollten Sie auf einer Gymnastikmatte üben. Die Beine sollten beim Rückenrollen ein wenig geöffnet bleiben. Anfangs fällt es leichter, die Übung mit etwas Schwung auszuführen, doch mit der Zeit sollten Sie versuchen, den Rücken ganz kontrolliert Wirbel für Wirbel abzurollen. Runden Sie dabei nicht nur den oberen, sondern auch den unteren Rücken so gut wie möglich ab. Der Abstand zwischen Kopf und Knien sollte beim Auf- und Abrollen immer gleich bleiben.

KAPITEL 6: Pilates mit dem DIDIballoon®

Es gibt einige Hilfsmittel, durch die Sie etwas Abwechslung in Ihr Pilates-Training bringen können, wie etwa Stretchbänder, Petzi- oder Gymnastikbälle. Der DIDIballoon® ist ein besonders einfaches und preisgünstiges Hilfsmittel, das nicht nur für Abwechslung sorgt und interessante Variationen in Ihr Workout bringt, sondern noch einen besonderen Vorteil hat. Durch das Training mit dem DIDIballoon® entwickeln Sie Ihre Tiefenmuskulatur und damit Ihre Haltung besonders gut. Der spezielle Ballon ähnelt einem ganz gewöhnlichen Luftballon; bei den Pilates-Übungen »mit Ballon« sollten Sie spitze Gegenstände wie Schmuck, Armbanduhren oder Haarspangen ablegen. Notfalls können Sie die folgenden Übungen auch mit einem normalen Luftballon durchführen – entweder als kurzes Programm in der angegebenen Reihenfolge oder in Kombination, sei es mit den Pilates-Klassikern, den einfachen, vorbereitenden Techniken oder den Übungen aus dem Rückenprogramm.

Side Rolls – Balloonversion
(Hüftdrehen mit Ballon)

WIRKUNG: Sowohl die Flexibilität als auch die Stabilität der Wirbelsäule wird verbessert. Bauch und Taille werden trainiert, und die Brust wird gründlich gedehnt.

Legen Sie sich mit aufgestellten Füßen auf den Rücken. Aktivieren Sie Ihr Powerhouse, indem Sie den Unterbauch etwas anspannen. Ziehen Sie dann zuerst das linke, dann das rechte Knie nach oben, öffnen Sie die Beine und klemmen Sie den DIDIballoon® zwischen Ihre Knie. Die Arme legen Sie nun seitlich neben den Körper, die Handflächen berühren den Boden. Die Knie sollten über der Hüfte und die Unterschenkel parallel zum Boden sein. Jetzt einatmen und dann beim Ausatmen die Beine mit dem Ballon nach links und den Kopf nach rechts drehen – doch nur bis zu Ihrer Dehngrenze. In der Endposition einatmen und dann Knie und Kopf ausatmend wieder zur Mittelstellung bringen. Atmen Sie vorbereitend ein. Ausatmend drehen Sie die Beine diesmal nach rechts, den Kopf nach links. Wiederholen Sie die Übung wechselseitig je 5-mal.

FÜR DIE PERFEKTE AUSFÜHRUNG

Üben Sie während der ganzen Übung mit den Knien leichten Druck auf den Ballon aus, das hilft Ihnen, Ihr Powerhouse aktiv zu halten. Die Bauchmuskeln sollten in jeder Phase der Bewegung immer angespannt bleiben. Ober- und Unterschenkel bleiben im rechten Winkel. Der Nacken sollte gedehnt bleiben, ziehen Sie daher das Kinn etwas zur Brust. Achten Sie darauf, die Schulterblätter unten zu lassen und die Schultern beim Drehen nicht zu heben. Führen Sie die Bewegungen kontrolliert und langsam durch und synchronisieren Sie sie mit der Atmung.

Roll Up – Balloonversion
(Aufrollen mit Ballon)

WIRKUNG: Die Übung erhöht die Beweglichkeit der Wirbelsäule, verbessert die Körperhaltung und trainiert den ganzen Körper.

Auf dem Rücken liegend nehmen Sie den DIDIballoon® zwischen die Hände. Strecken Sie die Arme nach oben aus, als wollten Sie den Ballon hinter dem Kopf ablegen. Mit dem Ausatmen bauen Sie die nötige Grundspannung auf: Drücken Sie die Beine fest zusammen, ziehen Sie die Zehen nach oben, dehnen Sie den Nacken und üben Sie mit den Händen einen leichten Druck gegen den Ballon aus. Einatmend heben Sie den DIDIballoon® mit gestreckten Armen senkrecht nach oben, sodass er zur Decke zeigt. Jetzt aktivieren Sie Ihr Powerhouse und heben die Schultern etwas vom Boden ab. Mit dem Ausatmen rollen Sie den Oberkörper Wirbel für Wirbel nach vorne, bis der ganze Rücken rund ist. In der Endstellung halten Sie den Ballon oberhalb der Unterschenkel. Einatmend rollen Sie die Wirbelsäule langsam ab, bis Sie wieder auf dem Rücken liegen, und heben die Arme wieder nach hinten. Wiederholen Sie dies 5-mal.

FÜR DIE PERFEKTE AUSFÜHRUNG

Spannen Sie die Bauch- und Gesäßmuskeln während der Übung kräftig an und üben Sie mit den Händen immer leichten Druck auf den Ballon aus. Die Beine bleiben zusammengepresst, der Bauchnabel nach innen gezogen. Rollen Sie immer mit rundem Rücken nach oben und unten, gehen Sie keinesfalls ins Hohlkreuz. Wenn Sie die Arme in der Ausgangsstellung hinter den Kopf ablegen, macht es nichts, wenn der Ballon dabei den Boden nicht berührt. Bei Rückenproblemen verzichten Sie auf die Übung.

PILATES MIT DEM DIDIBALLOON®

The Hundred – Balloonversion
(»Die Hundert« mit Ballon)

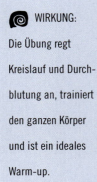 WIRKUNG:
Die Übung regt Kreislauf und Durchblutung an, trainiert den ganzen Körper und ist ein ideales Warm-up.

Auch der Pilates-Klassiker »The Hundred« kann gut mit Ballon ausgeführt werden, denn die Übung wird dadurch intensiver. Sie liegen auf dem Rücken. Mit dem Ausatmen spannen Sie die Bauchmuskeln an und ziehen die Knie in Richtung Brust. Legen Sie den DIDIballoon® zwischen die Knie und halten Sie die Oberschenkel im 90-Grad-Winkel zum Körper. Tief einamten und mit dem nächsten Ausatmen Kopf, Schultern und Arme einige Zentimeter vom Boden abheben. Führen Sie dann pumpende Bewegungen mit den Armen durch, indem Sie mit den gestreckten Armen in schnellen Bewegungen 5-mal auf und ab pumpen. Ausatmen und die Arme weiter auf und ab federn – wieder 5-mal. Einatmen, 5-mal pumpen; ausatmen, wieder 5-mal pumpen. Wiederholen Sie den Zyklus, bis Sie 100 Pumpbewegungen durchgeführt haben (Anfänger beginnen mit 30). Stellen Sie die Beine dann wieder ab und entspannen Sie sich.

FÜR DIE PERFEKTE AUSFÜHRUNG

Halten Sie Ihr Powerhouse aktiv – dies fällt Ihnen leichter, wenn Sie mit den Knien während der gesamten Übung etwas Druck auf den Ballon ausüben. Halten Sie die Arme nahe am Körper; beim Pumpen bleiben Sie gestreckt – die Handflächen zeigen nach unten, die Finger nach vorne. Die Bewegung kommt aus den Schultern, die Sie bei den Armbewegungen nicht nach oben ziehen sollten. Achten Sie darauf, die gestreckten Arme nie weiter als 20 cm vom Boden abzuheben. Der Nacken bleibt lang und das Kinn leicht zur Brust gezogen.

Spine Curls – Balloonversion
(Beckenheben mit Ballon)

WIRKUNG: Die Übung kräftigt die Oberschenkel, das Gesäß und den unteren Rücken. Sie beugt Rückenschmerzen vor, die durch eine schlechte Haltung hervorgerufen werden.

Nehmen Sie die Rückenlage ein und stellen Sie Ihre Füße auf. Öffnen Sie die Beine und platzieren Sie den DIDIballoon® zwischen den Knien. Strecken Sie die Arme seitlich aus und legen Sie die Handflächen auf den Boden. Atmen Sie vorbereitend tief ein. Mit dem nächsten Ausatmen aktivieren Sie Ihr Powerhouse, indem Sie den Nabel nach innen ziehen und die Bauchmuskeln anspannen. Heben Sie dann das Becken an und strecken Sie das rechte Bein nach vorne durch – das Gewicht ruht nur auf dem oberen Rücken, den Armen und Händen sowie dem linken Fuß. Halten Sie die Spannung kurz und senken Sie das Becken mit dem Einatmen, bis das Gesäß den Boden wieder berührt. Wiederholen Sie diese Übung: 5-mal auf und ab bewegen; dann das andere Bein strecken und nochmals 5 Wiederholungen mit der anderen Seite ausführen.

FÜR DIE PERFEKTE AUSFÜHRUNG

Um eine intensive Muskelspannung zu erreichen, sollten Sie mit den Beinen Druck auf den Ballon ausüben, während Sie das Becken heben. Achten Sie darauf, dass der Nacken gestreckt bleibt – das Kinn wird leicht zur Brust gezogen. Heben Sie das Becken nicht zu weit: Sie sollten nicht ins Hohlkreuz gehen – das ausgestreckte Bein ist mit dem Oberkörper auf einer Linie. Vermeiden Sie es, die Hüften beim Heben des Beckens zu kippen – die Hüftknochen sollten immer auf einer Linie sein. Um das Gleichgewicht besser halten zu können, ist es hilfreich, mit Armen und Händen gegen den Boden zu drücken.

Curl Ups – Balloonversion
(Bauchmuskelcurls mit Ballon)

 WIRKUNG: Dies ist eine hervorragende Übung für eine gut durchtrainierte Bauchpartie. Aber auch die Oberschenkel profitieren von dieser Technik.

Nehmen Sie die Rückenlage ein und winkeln Sie Ihre Beine an, indem Sie die Füße aufstellen. Fixieren Sie den DIDIballoon® zwischen Ihren Knien. Aktivieren Sie Ihr Powerhouse: Ziehen Sie den Nabel nach innen, spannen Sie die Bauch- und Beckenbodenmuskulatur an und üben Sie Druck mit den Beinen gegen den Ballon aus. Strecken Sie Ihre Arme nach vorne und berühren Sie den Ballon mit Ihren Fingerspitzen – falls das schwer fällt, sollten Sie die Beine einfach noch steiler aufstellen. Mit dem Ausatmen heben Sie nun den Kopf an und ziehen Ihr Kinn Richtung Brustbein. Rollen Sie dann langsam Kopf, Nacken und Brustwirbelsäule nach oben, bis Ihre Hände den höchsten Punkt des Ballons erreicht haben. Einatmend legen Sie den Rücken wieder Wirbel für Wirbel ab, bis der Kopf den Boden berührt. Wiederholen Sie die Übung mindestens 5-mal.

FÜR DIE PERFEKTE AUSFÜHRUNG

Führen Sie die Aufrollbewegung rund und fließend aus. Falls Ihre Fitness es erlaubt, sollten Sie den Kopf zwischen den Wiederholungen nicht ablegen, sondern ihn beim Abrollen bis kurz über den Boden bringen und dann gleich die nächste Wiederholung durchführen. Besonders intensiv wird die Übung, wenn Sie am höchsten Punkt mit den Händen noch einen kurzen, effektiven Druck (nach unten) auf den Ballon ausüben. Achten Sie jedoch auf Ihre Grenzen und übertreiben Sie nicht – sonst droht ein Muskelkater.

Balloning-Relaxation
(Entspannung mit Ballon)

WIRKUNG: Blockaden in Schultern und Nacken werden gelöst - der ganze Körper wird gründlich entspannt.

Legen Sie sich auf den Rücken und nehmen Sie die Entspannungs-Position ein (siehe Seite 46): Platzieren Sie den Ballon auf angenehmer Höhe unter Ihrem Kopf. Schließen Sie die Augen, und atmen Sie tief in den Bauch. Führen Sie nun lösende Bewegungen aus, indem Sie Ihren Hinterkopf sanft und gleichmäßig gegen den Ballon drücken und wieder nachgeben. Wiederholen Sie dies einige Male und spüren Sie, wie sich Verspannungen dabei allmählich auflösen. Dann lassen Sie den Kopf entspannt liegen. Geben Sie das Gewicht Ihres Körpers bewusst ab – Sie können sich dabei vorstellen, dass Sie am Meer im warmen Sand liegen. Spüren Sie, wie Schultern, Brust, Rücken, Gesäß und Beine immer lockerer und entspannter werden. Nutzen Sie die Übung, um auch geistig zur Ruhe zu kommen und belastende Gedanken und Gefühle mit dem Ausatmen loszulassen.

FÜR DIE PERFEKTE AUSFÜHRUNG

Lassen Sie das Gewicht Ihres Kopfes bewusst vom Ballon tragen – keine Angst, der Ballon hält bis zu 80 kg Gewichtsbelastung aus. Atmen Sie ganz entspannt durch die Nase – mit jedem Ausatmen können Sie Anspannungen, die Ihnen bewusst werden, einfach an den Boden abgeben. In der Entspannungsposition sind die Beine bequem aufgestellt, die Arme werden seitlich ausgestreckt, und die Handflächen zeigen nach oben.

Literatur

Christiansen, A.: YogaPilates. Urania Verlag, Stuttgart 2004

Fraser, T.: Yoga für Einsteiger. Knaur, München 2004

Grabbe, D.: Ballooning. Knaur, München 2005

Grabbe, D.: Dinner Cancelling. Irisiana, München 2003

Grabbe, D.: Easy Fitness. Urania, Stuttgart 2004

Grabbe, D.: Energy-Walking. Irisiana, München 2003

Grabbe, D.: Move & Relax. Südwest, München 2002

Grabbe, D.: Stretching. Südwest, München 2003

Mayr, B.: Pilates allein zu Hause. Überreuter, Wien 2004

Moriabadi, U.: Pilates – Das Übungsbuch. BLV Verlagsgesellschaft, München 2004

Pramann, U. / Sterzenbach, S.: 365 Tage fit. Knaur, München 2004

Schmidt, L. Pilates. BLV Verlagsgesellschaft, München 2002

Scott, S.: Flowmotion: Pilates, Tibia-Press – Der Fitness-Verlag, Mühlheim 2003

Ungaro, A.: Pilates. Dorling Kindersley, Starnberg 2002

Adressen

Die original DIDIballoons® (jeweils 10 Stück für 5 Euro zuzüglich Versandkosten) bekommen Sie bei

Dieter Grabbe
Ysenburgstraße 10
D-80634 München

Weitere Informationen zum Thema Pilates, Wellness und Fitness finden Sie unter: www.Dieter.Grabbe.de